JN236612

給与明細から財務諸表まで

会社の数字に強くなる本

藤本 壱
Fujimoto Hajime

日本実業出版社

はじめに

　みなさんは会社に入ってからどれくらい経つでしょうか。
　会社の中ではいろいろな「数字」が飛びかっています。会議の書類や資料にも、ふだんの生活ではなじみのない言葉や、数千万、数億といった単位の数字が並んでいます。ここで、もしみなさんが「会社の数字は上の人の見るものだから、自分は知らなくてもいい」というレベルなら、一人前の社会人としてまだまだ未熟です。

　この本は、常識として知っておかなければならない「会社で出てくる数字」を、図や例を用いてなるべくやさしく解説したものです。ところが、このような入門書は書店にいけばいくらでも並んでいます。では、いきなり「貸借対照表」や「キャッシュフロー計算書」の見方から読み始めるとして、みなさんは「自分は知らなくてもいい」というレベルから、どれだけ気持ちを切り換えて勉強できるでしょうか。

　そこで本書は、みなさんがもっとも気になる給料の数字から解説することにしました。給与明細書に書かれている数字も、立派な「会社で出てくる数字」です。今まで、一番右下に書かれた「手取りの額」だけしか見ていない人は、その上の数字にも注目してみてください。そこには、どれだけ働いたか、どれだけ税金がかかっているのか、どんな社会保険が引かれているか、といった項目が並んでいます。これらをざっと知るだけでも、会社や社会に関係する基礎知識が身につくでしょう。

　続く第2章で、いよいよ決算書の見方に入っていきます。これらも決して秘密めいた数字ではなく、多くの会社では、社員ならば誰でも見ることができるものです。個人の給料の次には、自分の会社の「成績」について関心をもってみましょう。

　第3章ではもう少しレベルをあげて、いろいろな会社の成長性や安定性の見方を解説しました。「これから株をやってみたい」という人は、ぜひ読み進めてみてください。

　最後の第4章ではもう一度個人にかえって、これまでに解説した会社の数字を個人の生活にあてはめてみました。会社も個人も、将来が読みにくい時代ですので、計画性をもった生活設計に役立ててください。

　繰り返しになりますが、本書はみなさんが会社や社会の数字に少しでも興味をもっていただけるように解説したものです。知らなければならないことはほかにもたくさんありますが、本書がまずその手始めとなれば幸いです。

　2005年6月

藤本　壱

会社の数字に強くなる本
CONTENTS

はじめに

第1章　いちばん気になる給料の数字

1.1　給与明細を見てみよう ……………………………………6
　　COLUMN 給料は現金払いが原則－賃金5原則 ……………7
1.2　給与明細の見方・その①── 働いた時間（勤怠）………8
　　COLUMN 「有給休暇」って何？ ……………………………9
1.3　給与明細の見方・その②── 支給される額 …………10
　　COLUMN 4～6月は残業を避けた方が得？ ………………13
　　COLUMN 新幹線通勤と課税 ………………………………15
　　COLUMN 通勤手当が高いと損？ …………………………15
1.4　給与明細の見方・その③
　　　　── 控除される額・社会保険料 …………………16
　　COLUMN 社会保険って何？ ………………………………17
　　COLUMN 保険料の値上げラッシュ ………………………21
　　COLUMN 標準報酬月額とは？ ……………………………22
1.5　給与明細の見方・その④
　　　　── 控除される額・所得税・住民税 ………………23
　　COLUMN 住民税は2年目から課税される …………………25
1.6　賞与明細の見方 …………………………………………26
　　COLUMN 2003年から賞与が減った？ ……………………26
　　COLUMN 社会保険料を下げる裏ワザ ……………………29
1.7　年末調整と所得税の計算 ………………………………31
　　COLUMN 確定拠出年金と小規模企業共済等掛金控除 …38
　　COLUMN 定率減税の縮小・廃止 …………………………40

1.8	源泉徴収票の見方	41
	COLUMN 特定支出控除	44
	COLUMN 源泉徴収票は保管しておこう	46
1.9	会社員でもできる節税	47
	COLUMN 住宅ローン控除の落とし穴	51

■練習問題 ……………………………………………………………… 52
　　　　COLUMN 医療費控除の還付の速算法 …………………………… 57

第2章　会社で目にする数字・基礎編

2.1	決算書って何？	60
	COLUMN 決算書はポイントを押さえればOK	61
2.2	貸借対照表と損益計算書の中身	65
2.3	取引の仕訳から決算書の作成まで	70
2.4	貸借対照表の大まかな見方	75
2.5	損益計算書の大まかな見方	82
	COLUMN 「経常利益」は「けいつねりえき」？	85
2.6	決算書のニューフェイス 　　　──キャッシュフロー計算書	91
	COLUMN 「キャッシュフロー経営」が重視される	97

■練習問題 ……………………………………………………………… 98

第3章　会社で目にする数字・応用編

3.1	数字を組み合わせると何がわかる？	104
	COLUMN 投資の際の判断にも役立つ	105
3.2	会社の収益性を判断する	106
	COLUMN 無駄な資産を縮小して総資産回転率を上げる	109
	COLUMN 貸借対照表の数値では当期／前期の平均値を 　　　　　取ることもある	111
	COLUMN 収益性を上げることが求められている	112

3.3	会社の安定性を判断する	113
	COLUMN 銀行の自己資本比率	121
3.4	株式投資に適しているかどうかを判断する	122
	COLUMN PBR1倍割れの企業は買収のターゲットになりやすい	127
	COLUMN ROE重視の傾向が強まる	129
3.5	指標の推移を見て判断する	130
	COLUMN 企業の決算の情報を手に入れるには？	133
■練習問題		138
	COLUMN キヤノンは優良企業	143

第4章　会社数字を個人に応用する

4.1	個人の損益計算書を作る	146
	COLUMN 「その他支出」がポイント	152
4.2	個人の貸借対照表を作る	153
	COLUMN 定期的に決算書を作ろう	153
	COLUMN 住宅ローンの見直し	158
4.3	長期間の資金計画を立てる	159
■練習問題		167

DTP&図版制作　木馬社

本書の内容は2005年6月10日現在の法律、制度にもとづいています。

第1章

いちばん気になる給料の数字

会社ではいろいろな数字を見る機会がありますが、会社に入って間もない頃なら「給与明細」がもっとも身近な数字ではないでしょうか。給与の額はとても気になると思いますが、どのように給与が決まるかということも知っておきたいものです。
そこで第1章では、給与や賞与の明細に出てくる数字や、年末調整の数字などについて解説していきます。

1.1 給与明細を見てみよう

給与明細にはこんなことが書かれている

　給与明細にはいろいろなことが書かれていて、ちょっととっつきにくい感じがするかもしれません。特に、会社に入って間もない人だと、よりそのように思うのではないでしょうか。ただ、順を追って見ていけば、それほど難しいものではありません。

　第1章では、給与明細の見方を順に解説していきますが、まずは「給与明細に書いてあること」を大まかに押さえておきましょう。給与明細のスタイルは会社によってさまざまですが、大きく分けると「勤怠」「支給」「控除」の3つの部分に分けることができます。

▼図1.1　給与明細の例

給与 明細書　　平成17年1月分
000-000 0001　〇山　一郎　様
　　　　　　　　　　　　　　ＡＢＣ商事株式会社

勤怠	要勤務日数	出勤日数	出勤時間	事故欠勤日数	病気欠勤日数	代休特休日数	休日出勤日数	有休消化日数	有休残日数	
	21.00	20.00	0:00	0.00	0.00	0.00	0.00	1.00	19.00	
	残業平日普通	残業平日深夜	残業休日普通	残業休日深夜	残業法定休日	残業法定深夜	遅刻早退回数	遅刻早退時間		
	20:00	0:00	0:00	0:00	0:00	0:00	0	0:00		
支給	基本給	職務手当	役職手当	住宅手当	家族手当					
	235,000	15,000	30,000	20,000	5,000					
								残業平日普通	残業平日深夜	残業休日普通
								31,940	0	0
	残業休日深夜	残業法定休日	残業法定深夜	非課税通勤	課税通勤	遅刻早退控除	欠勤控除	課税合計	非課税合計	総支給額合計
	0	0	0	18,000	0	0	0	336,940	18,000	354,940
控除	健康保険	介護保険	厚生年金	厚生年金基金	確定拠出年金	雇用保険	社会保険調整	社会保険合計	課税対象額	所得税
	13,940	0	23,688	0	0	2,839	0	40,467	296,473	7,860
	住民税	税調整								
	0	0						控除計	控除合計	
								7,860	48,327	
記事	累積課税合計		前月調整残	端数合計	当月端数調整		支払1	支払2	支払3	差引支給額
	336,940		0	306,613	0		306,613	0	0	306,613

6

1.1 給与明細を見てみよう

勤怠の部分は、働いた日数や休んだ日数、また残業した時間など、1ヶ月間でどのように仕事をしたかという情報が書かれています。

支給の部分は、給与として支給される額が、どのような内訳になっているかを表しています。基本給や各種の手当の額が書かれています。

控除の部分は、給与から控除（天引き）される額です。税金や社会保険料などがあります。給与明細の中では、ここがもっともわかりにくい部分でしょう。

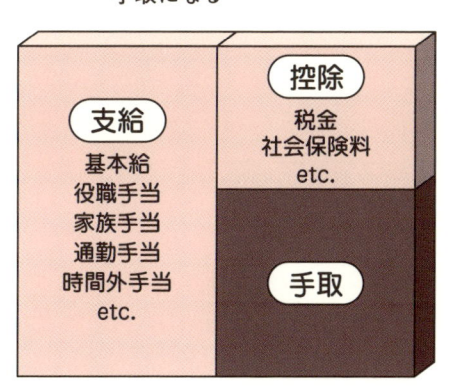

最後に、支給額の合計から控除額の合計を引くと、実際に受け取る額（手取）が出てくることになります。

給与明細は内容をよくチェックしておきたいものです。例えば、残業時間が間違って計算されていると、残業手当の額も違ってきます。給与明細をもらったら、内容をチェックするように習慣づけましょう。

▼図1.2 支給から控除を引くと手取になる

支給
基本給
役職手当
家族手当
通勤手当
時間外手当
etc.

控除
税金
社会保険料
etc.

手取

COLUMN 給料は現金払いが原則－賃金5原則

一般に「給料」とか「給与」と呼ばれますが、法律的には「賃金」あるいは「報酬」という言い方をします。賃金は労働の代償として支払われ、その方法には5つの大きな原則が労働基準法で決められています。

①**通貨払いの原則**………現物支給や小切手での支払いは禁じられています。
②**直接払いの原則**………働いた本人に直接払われ、代理人ではいけません。
③**全額払いの原則**………支払いの保留や相殺控除はいけません。
④**毎月払いの原則**………月1回以上の支払いでなくてはなりません。
⑤**一定期日払いの原則**…25日支払いの会社が多くありますが、特定できる日を決めて支払わなければなりません。

Level 1 いちばん気になる給料の数字

1.2 給与明細の見方・その① —— 働いた時間（勤怠）

勤怠の内容

　勤怠の部分には、出勤／欠勤の日数や、残業時間、遅刻／早退があったかなどの情報が書かれています（図1.3）。

▼図1.3　給与明細の勤怠の部分

給与 明細書　　平成17年 1月分								
000-000 0001 ○山 一郎 様　　　ABC商事株式会社								

	要勤務日数	出勤日数	出勤時間	事故欠勤日数	病気欠勤日数	代休特休日数	休日出勤日数	有休消化日数	有休残日数
勤怠	21.00	20.00	0:00	0.00	0.00	0.00	0.00	1.00	19.00
	残業平日普通	残業平日深夜	残業休日普通	残業休日深夜	残業法定休日	残業法定深夜	遅刻早退回数	遅刻早退時間	
	20:00	0:00	0:00	0:00	0:00	0:00	0.00	0:00	

	基本給	職務手当	役職手当	住宅手当	家族手当				
支給	235,000	15,000	30,000	20,000	5,000				
						残業平日普通	残業平日深夜	残業休日普通	
						31,940	0	0	

■出勤日数

　まず、会社に出勤した日数が書かれています。上の例では、「要勤務日数」と「出勤日数」の2つの情報があります。
　要勤務日数は、会社に出勤する必要があった日数です。一方の**出勤日数**は、実際に出勤した日数です。
　この例では、要勤務日数が21日で出勤日数が20日ですから、何らかの理由で1日出勤しなかったことがわかります。

■欠勤や代休など

　出勤日数の次には、欠勤などで休んだ日数が書かれています。この中で有休（**年次有給休暇＝年休**）とは、毎年一定の日数を有給で保障する制度のことで、**代休**とは休日労働が行われた後、その代償として勤務日を休日にす

ることです。

この例では、「事故欠勤日数」「病気欠勤日数」「代休特休日数」「有給消化日数」などの項目があり、この人はその月に有給休暇を1日使ったことがわかります。

■残業時間

次に、残業（法律的には**時間外労働**）した時間が書かれています。通常の残業／深夜の残業／休日出勤で、手当の額が異なりますので（→12ページ）、項目に分けて残業時間を表示するようになっています。

残業時間のつけ方は会社によってさまざまで、30分単位で四捨五入するところもあれば、15分単位や10分単位のところもあります。

■遅刻早退

何らかの理由で遅刻や早退をする場合もありますが、そのときはその分給料がマイナスになりますので、遅刻や早退の回数や時間も給与明細に書かれています。

勤怠を見る際のチェックポイント

勤怠の部分を見る際には、出勤日数や残業時間が正しくカウントされているかどうかをチェックします。ここが間違っていると、給与の額も間違ったものになってしまいます。

また、欠勤日数や遅刻／早退の時間もチェックしておきましょう。これらが余分にカウントされていれば、その分給与が減ってしまいますので、そこもチェックすべきです。

COLUMN 「有給休暇」って何？

有給休暇は、通常の休日以外に従業員にまとまった休みを与えて、心身をリフレッシュしてもらおうという趣旨から労働基準法で決められたものです。「6ヶ月以上勤務し、全労働日の8割以上出勤した人は、最低で年に10日の有給休暇を取得することができる」また、「有給休暇を使う際には、その目的や理由を会社に言う必要はない」とも決められています。

1.3 給与明細の見方・その② ── 支給される額

基本給と一般的な手当（基準内賃金）

給与明細の中で、もっとも気になる部分は、やはり給料の額でしょう。

一般的には、毎月決まって支払われる給与を**基準内賃金**として括り、その中には基本給と各種手当などが含まれます。

▼図1.4　給与明細の支給の部分

給与 明細書		平成17年1月分							
000-000 0001 ○山 一郎 様						ABC商事株式会社			

勤怠	要勤務日数	出勤日数	出勤時間	事故欠勤日数	病気欠勤日数	代休特休日数	休日出勤日数	有休消化日数	有休残日数
	21.00	20.00	0:00	0.00	0.00	0.00	0.00	1.00	19.00
	残業平日普通	残業平日深夜	残業休日普通	残業休日深夜	残業法定休日	残業法定深夜	遅刻早退回数	遅刻早退時間	
	20:00	0:00							

支給	基本給	職務手当	役職手当	住宅手当	家族手当		基準内賃金		
	235,000	15,000	30,000	20,000	5,000				
				基準外賃金			残業平日普通	残業平日深夜	残業休日普通
							31,940	0	0
	残業休日深夜	残業法定休日	残業法定深夜	非課税通勤	課税通勤	遅刻早退控除	欠勤控除	課税 合計	非課税 合計	総支給額合計
	0	0	0		18,000			336,940	18,000	354,900

■ 基本給

給与の中でもっとも重要になるのは、**基本給**です。基本給をベースにして、各種の手当をプラスしていくことで、給与の額が決まっていきます。

基本給の額の決め方は、個々の会社の賃金規定によって決められています。決め方はいろいろですが、年齢／職能／仕事の内容／仕事の成果などを反映して決められるのが一般的です。

■ 職務手当

それぞれの人によって担当する職務は違い、仕事の困難さや必要な費用なども異なります。そこで、それに対する手当として、**職務手当**が出る会社も

あります。営業職や技術職の人に支払われることが多いでしょう。

■役職手当

役職手当は、管理職（課長以上など）に支給される手当です。

労働基準法によると、「管理職の人には時間外手当に関する賃金規定は適用しない」ということになっています。つまり、管理職になると、残業手当などが出なくなるということです。ただ、残業手当が出ないとなると、誰も管理職をやりたいとは思わないことでしょう。そこで、その代わりの手当として、役職手当が支払われます。

役職手当の額は会社によって異なります。例えば、係長3万円、課長5万円‥‥などのように決められています。

■家族（扶養）手当

配偶者や子供などがいる人の場合、いない人と同じ給与では生活が厳しくなるでしょう。そこで、配偶者や子供などの扶養家族のあるなしに応じて、扶養手当という手当が支給されることがよくあります。

家族手当の額の決め方は、以下の表1.1や表1.2などをはじめとして、いろいろなパターンがあります。パターンや額は、会社によっていろいろです。

▼表1.1　配偶者とそれ以外の家族を分ける場合

扶養家族	家族手当
配偶者	月10,000円
その他の扶養家族	1人当たり月5,000円

▼表1.2　配偶者とそれ以外の家族を分ける場合で、扶養家族の人数によって額が変わる場合

扶養家族	家族手当
配偶者	月10,000円
その他の扶養家族	1人目は月5,000円 2人目以降は1人当たり月3,000円

うちは妻と子供2人だから18,000円もらっているよ

■ 住宅手当

　家は買うにしても借りるにしてもお金がかかる存在ですが、その分を会社がいくらか負担してくれる手当として、住宅手当があります。会社によって額はさまざまで、最近では成果主義の流れで廃止する企業も出ています。

■ 資格手当

　不景気の中で、資格を持つことが静かなブームになっていますが、業務に必要な資格を持っていることで手当が出る会社もあります。

その他の手当（基準外賃金）

　基準内賃金以外のものを**基準外賃金**といい、一般的には月によって額が異なる給与にあたります。

■ 通勤手当

　通勤手当は、会社へ往復するのにかかる交通費を会社が負担するものです。無条件で全額支給する会社もありますが、支給の上限が決まっている会社もあります。また非課税枠の限度内（→14ページ）で払うケースもあります。

■ 時間外（残業）手当

　1日当たりの労働時間は会社の規定によって決まっています。それ以上に仕事をした場合は、**時間外手当**が支給されます。

　時間外手当は、1時間当たりの平均賃金に、割増をした額になります。平均賃金は、基本給や職務手当などの固定給を合計し、それを1ヶ月当たりの平均労働時間で割って決められます。また、割増率の最低基準は労働基準法で定められていて、表1.3のようになっています。

　定時が昼間の会社で深夜に働いた場合は、時間外でかつ深夜という扱いになります。この場合の割増率の最低基準は、時間外の25％と深夜の25％を足した50％です。同様に、休日の深夜に働くと、割増率の最低は35％＋25％＝60％です。

　ただし、労働基準法では、1日の勤務時間は最大8時間までと決められています。そのため、残業したとしても、1日の労働時間が8時間以内であれば、その残業は「法定時間内残業」となり、割増の対象にはなりません。例

1.3 給与明細の見方・その② ── 支給される額

えば、定時が午前9時〜午後5時（途中に休憩1時間）の会社で、午前9時〜午後11時まで働いたとすると、割増の考え方は図1.5のようになります。

このように、時間外労働は時間帯によって割増率が異なるため、給与明細でも時間帯ごとに分けて手当の額が書いてあります。

▼表1.3　割増率の最低基準

手当の種類	割増率
時間外労働手当	25%
休日出勤手当	35%
深夜労働手当	25%

※深夜労働手当の「深夜」は、午後10時〜午前5時を指す

▼図1.5　割増の考え方

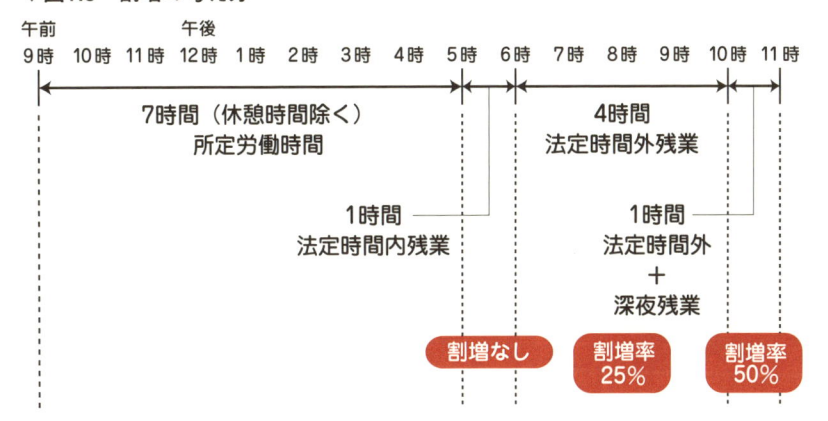

```
午前                     午後
9時 10時 11時 12時 1時 2時 3時 4時 5時 6時 7時 8時 9時 10時 11時
├─────────────────────────┤├──┤├──────────┤├────┤
     7時間（休憩時間除く）        4時間
     所定労働時間                法定時間外残業

              1時間                  1時間
              法定時間内残業          法定時間外
                                     ＋
                                     深夜残業

                        割増なし   割増率    割増率
                                  25%       50%
```

COLUMN　4〜6月は残業を避けた方が得？

厚生年金や健康保険は、給料が多いほど保険料も上がります。保険料の基準は4月〜6月の給料で、計算の際には残業手当も含まれますので、その時期は残業は避けた方が保険料が安くなります。

Level 1　いちばん気になる給料の数字

課税される給与とされない給与

　給与には、基本的には所得税や住民税が課税されます。しかし、通勤手当は実際的には収入にならないので、一部が課税対象から免除されています。その非課税枠は、表1.4のように決められています。電車などで通勤する場合と、自動車や自転車で通勤する場合とでは、非課税枠が異なります。

▼表1.4　通勤手当の非課税枠

区分		非課税枠
①交通機関（電車等）または有料道路を使う人に対する通勤手当または定期券		合理的な運賃額 （上限は月10万円）
②自転車や自動車などの交通用具を使う人に対する通勤手当	通勤距離が片道2km未満	なし
	通勤距離が片道2km以上10km未満	月4,100円
	通勤距離が片道10km以上15km未満	月6,500円
	通勤距離が片道15km以上25km未満	月11,300円（※）
	通勤距離が片道25km以上35km未満	月16,100円（※）
	通勤距離が片道35km以上45km未満	月20,900円（※）
	通勤距離が片道45km以上	月24,500円（※）
③交通機関と交通用具の両方を使う人に対する通勤手当		①と②の合計額 （上限は月10万円）

※運賃相当額が表内の上限額を超える場合は、その運賃相当額まで非課税（ただし、上限は月10万円）

　10ページの給与明細の例では、支給額の合計を課税対象とそうでないものとに分けて合計し、それぞれが「課税合計」「非課税合計」の欄に記入されています。
　この人の給与の内訳は表1.5のとおりですが、非課税になるのは通勤手当だけです。したがって、通勤手当以外の合計が「課税合計」の欄に記入され、通勤手当が「非課税合計」の欄に記入されています。そして、両者の合計が「総支給額合計」に記入されています。

▼表1.5　課税／非課税の内訳

課税される給与	基本給	235,000
	職務手当	15,000
	役職手当	30,000
	住宅手当	20,000
	家族手当	5,000
	残業平日普通	31,940
課税される給与の合計		336,940
課税されない給与	通勤手当	18,000
課税されない給与の合計		18,000
総支給額合計		354,940

COLUMN　新幹線通勤と課税

　職場から離れたところに住んでいて、新幹線で通勤している人もいることでしょう。その場合、通勤にかかる時間、距離、運賃などを考慮して合理的であれば、新幹線の定期券の代金を通勤手当として、非課税にすることができます。

　ただし、1ヶ月の通勤手当が10万円を超える場合、超えた分は給与の扱いになって、課税の対象になります。遠距離から新幹線通勤する場合、この点には注意しましょう。

COLUMN　通勤手当が高いと損？

　厚生年金と健康保険は給与をベースに計算しますが、通勤手当も計算対象に含まれます。したがって、通勤手当が高いと、厚生年金や健康保険の保険料も上がってしまうことになります。

　「基本給や手当は同じなのに、自分は同僚よりも健康保険や厚生年金の保険料が高い」という人がいるかと思いますが、通勤手当が高い場合にそのようなことが起こります。通勤手当は実質的には収入にはならないので、保険料の計算の対象からは外してもらいたいものです。

1.4 給与明細の見方・その③ ── 控除される額・社会保険料

給料から天引きされる額＝控除

　給与明細を見ると、支給額は結構あっても、実際の手取はだいぶ少なくなっていることがわかります。誰しも、「何でこんなに引かれるの？」と思ったことがあるのではないでしょうか。

　給与からは、税金や社会保険料などのいろいろなものが天引きされます。そして、その残りが手取になります。これら天引きされるもののことを、**控除**と呼んでいます。

　支給額の方は、「家族手当」や「残業手当」など、見ただけで意味をイメージしやすいと思います。一方の控除は、「種類や額が多い」ということはわかりますが、その内容はわかりにくいのではないでしょうか。

▼図1.6　給与明細の控除の部分

給与 明細書　　平成17年1月分									
000-000 0001 ○山　一郎 様　　　　ＡＢＣ商事株式会社									

	要勤務日数	出勤日数	出勤時間	事故欠勤日数	病気欠勤日数	代休特休日数	休日出勤日数	有休消化日数	有休残日数
勤	21.00	20.00	0:00	0.00	0.00	0.00	0.00	1.00	19.00
怠	残業平日普通	残業平日深夜	残業休日普通	残業休日深夜	残業法定普通	残業法定深夜	遅刻早退回数	遅刻早退時間	
	20:00	0:00	0:00	0:00	0:00	0:00	0	0:00	

	基本給	職務手当	役職手当	住宅手当	家族手当				
支	235,000	15,000	30,000	20,000	5,000				
								残業平日普通	残業平日深夜　残業休日普通
								31,940	0　　　　0
給	残業休日深夜	残業法定休日	残業法定深夜	非課税通勤	課税通勤	遅刻早退控除	欠勤控除	課税合計	非課税合計　総支給額合計
	0	0	0	18,000	0	0	0	336,940	18,000　　354,940
控	健康保険	介護保険	厚生年金	厚生年金基金	確定拠出年金	雇用保険	社会保険調整	社会保険合計	課税対象額　所得税
	13,940	0	23,688	0	0	2,839	0	40,467	296,473　　7,860
	住民税	税調整							控除計　　控除合計
除	0	0							7,860　　48,327
記	累積課税合計		前月調整額	端数合計	当月端数調整	支払1	支払2	支払3	差引支給額
事	336,940		0	306,613	0	306,613	0	0	306,613

16

1.4 給与明細の見方・その③ ── 控除される額・社会保険料

法定控除とその他の控除

控除には多くの種類がありますが、大きく分けると「法定控除」と「その他の控除」に分けられます（図1.7）。

法定控除は、法律で控除することが決められているものです。法定控除は、社会保険料と税金の2種類に大別されます。

一方、その他の控除とは、法律で決められているのではなく、会社と従業員の取り決めで天引きされるものです。例えば、会社が財形貯蓄制度（※）を導入している場合、その積立金は給与から天引きされます。

ここでは、法定控除のうち、社会保険料関係を解説していきます。

▼図1.7　控除には法定控除とその他の控除がある

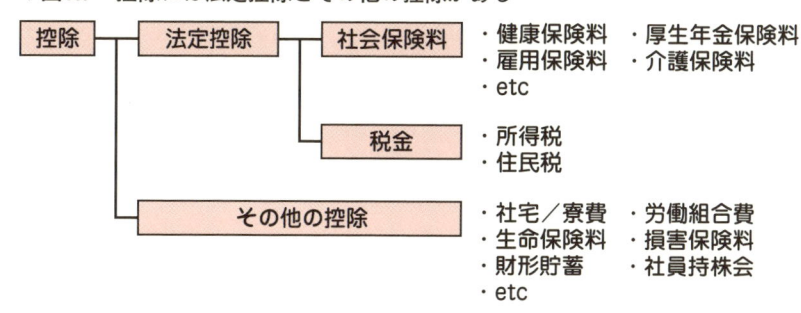

```
控除 ─┬─ 法定控除 ─┬─ 社会保険料   ・健康保険料  ・厚生年金保険料
      │            │               ・雇用保険料  ・介護保険料
      │            │               ・etc
      │            │
      │            └─ 税金          ・所得税
      │                              ・住民税
      │
      └─ その他の控除                ・社宅／寮費  ・労働組合費
                                     ・生命保険料  ・損害保険料
                                     ・財形貯蓄    ・社員持株会
                                     ・etc
```

COLUMN　社会保険って何？

病気や老後などに備えるには、保険をかけることが一般的です。保険の中には、国などの公的機関が運営しているものがありますが、それらを総称して「社会保険」と呼びます。

また、社会保険の中には、労働に関係する保険とそうでないものがあります。前者を「労働保険」と呼び、後者を「（狭義の）社会保険」と呼ぶこともあります。労働保険には、労災保険や雇用保険があります。また、狭義の社会保険には健康保険や厚生年金保険などがあります。

【財形貯蓄】
「勤労者財産形成貯蓄」の略で、住宅資金や老後資金などを給与からの天引きで積立貯蓄することができる制度です。税制優遇などのメリットがあります。

Level 1　いちばん気になる給料の数字

健康保険料

社会保険関係の控除はいくつかありますが、まず健康保険料から解説します。

健康保険とは？

健康保険料は、病院にかかるときの費用を多くの人で出し合うために支払うものです。皆が健康保険料を払っているおかげで、医療費の自己負担は原則3割ですむようになっています。

健康保険には、「政府管掌健康保険」（略して政管健保）と、「組合管掌健康保険」（略して組合健保）の2種類があります。政管健保は政府が行っている健康保険で、主に中小企業が加入しています。一方の組合健保は、企業やそれらの団体が行っている健康保険で、大企業が中心です。

政管健保の保険料

ここでは政管健保の保険料について解説します。その保険料は、以下のような式で計算されます。

保険料＝標準報酬月額×8.2％

ただし、これを会社と従業員で半分ずつ負担します（図1.8）。したがって、給与から控除されるのは、標準報酬月額の4.1％ということになります。

▼図1.8　標準報酬月額の8.2％を会社と従業員で折半する

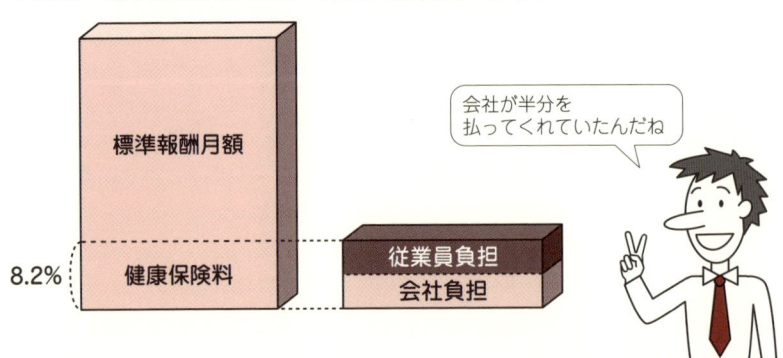

標準報酬月額は、保険料の計算をしやすくするために、給与をいくつかの区分に分けて決められている額です。大まかには、給与をキリのいい額にしたものと考えてください。標準報酬月額については、22ページのコラムで解説します。

例えば、24ページの給与明細（図1.10）の人は、標準報酬月額が34万円になります（明細にはそのような記述はありませんが）。この場合の保険料は、以下のように計算できます。

$$保険料＝34万円×8.2\%＝27,880円$$

このうち、半分の13,940円を会社が支払い、残り13,940円が従業員の給料から控除されます。

■ 組合健保の保険料

組合健保の保険料も、標準報酬月額に一定の率を掛けた額になります。ただ、保険料の率や、会社と従業員との負担の割合は、組合ごとに違っています。政管健保と同じところもあれば、従業員の負担が軽減されているところもあります。

厚生年金保険料

老後には国から年金が支払われますが、そのためには若いうちに保険料を支払っておくことが必要です。会社員の場合は、**厚生年金**という公的年金制度に加入し、その保険料を支払うことが必要です。

厚生年金の保険料も、健康保険料と同様に、標準報酬月額をベースに計算されます。2005年6月時点では、以下の式で計算されます。

$$厚生年金保険料＝標準報酬月額×保険料率$$

ただし、この額は従業員が全部負担するのではなく、会社と半分ずつ負担します。

保険料率は、2004年9月までは13.58％でした。しかし、2004年6月に年金改革法が成立したことで、2004年10月から保険料率は毎年

0.354％ずつ引き上げられ、2017年9月以降は18.30％で固定することになりました（図1.9）。

16ページの給与明細の例（図1.6）を見てみると、厚生年金の保険料は23,688円となっています。この人の標準報酬月額は34万円でしたので、そこから以下のように計算されています。

34万円×13.934％÷2＝23,688円
（1円以下は、51銭以上は切り上げ、50銭以下は切り捨て）

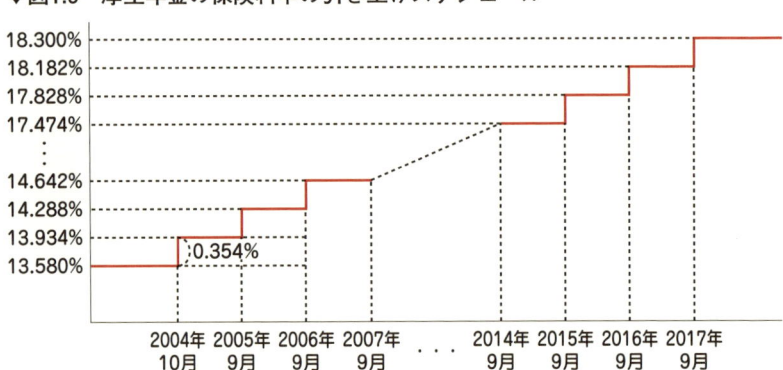

▼図1.9　厚生年金の保険料率の引き上げスケジュール

雇用保険料

会社をリストラされたり、あるいは自発的に辞めたりした場合、失業保険を受けることができます。その財源は、**雇用保険料**によってまかなわれています。

雇用保険料は、以下のように計算されます。保険料率は表1.6のようになります。

雇用保険料＝賃金額×保険料率

賃金額とは、基本給や各種の手当などを合計した総額のことで、非課税の通勤手当も含まれます。健康保険や厚生年金保険とは違って、標準報酬月額ではありません。

1.4 給与明細の見方・その③ ── 控除される額・社会保険料

2005年3月31日までは等級ごとに一覧表にした「一般保険料額表」（賃金額が92,000円以上484,000円未満の場合）から雇用保険料の額を求めることも認められていましたが、2005年4月1日からは下表の保険料率を掛ける方法をとらなければならなくなりました。

▼表1.6　雇用保険料の率

区分	率 （2005年4月1日以降）
一般の事業	0.8%
農林水産業、清酒製造業、建設業	0.9%

介護保険料

高齢化が進む中で、寝たきりになるなどして介護が必要な状況になる人も増えています。そのような人々のために、**介護保険**が導入されています。

2005年6月時点では、40歳から64歳の人は、介護保険の保険料を支払う必要があります。会社勤めの人の場合は、給与から介護保険料が天引きされます。

健康保険料と同じく、政管健保と組合健保で保険料の率が異なります。政管健保の場合、標準報酬月額の1.25%で、それを会社と従業員で折半します。一方、組合健保の場合は、各組合で保険料の率が異なります。

Level 1 いちばん気になる給料の数字

COLUMN　保険料の値上げラッシュ

厚生年金の保険料は年々上がっていきますが（左ページの図1.9）、雇用保険と介護保険の保険料率も2005年に上がっています。我々が負担する分は、雇用保険は0.1%、介護保険は0.07%値上げされています。

これ以上、保険料率が上がらないことを祈るばかりですが、少子高齢化や国の財政事情を考えると、今後もさらに値上げされることが考えられます。

COLUMN　標準報酬月額とは？

　健康保険と厚生年金の保険料は、「標準報酬月額」をベースに計算します。標準報酬月額は、保険料の計算をしやすくするために、給与をいくつかの段階に区切ったものです。

●定時決定

　基本的には、4月～6月の3ヶ月間の給与のうち、標準報酬月額の計算対象になる分（標準報酬）を平均して、それを標準報酬月額表（→58ページ）に当てはめて求めます。これを「定時決定」と呼びます。

　その年の9月から翌年8月まで、定時決定で決められた標準報酬月額が適用され、それをもとに保険料が計算されます。標準報酬月額の計算対象になる給与は、基本給や大半の手当です（家族手当／通勤手当／役職手当／時間外手当など）。

　例えば、4月／5月／6月の標準報酬が、それぞれ31.6万円／33.1万円／32.5万円だったとしましょう。これらを平均すると32.4万円ですが、58ページの標準報酬月額表を見ると、19等級の31万円～33万円に該当し、標準報酬月額は32万円となります。

●資格取得時決定

　新入社員など、まだ働いていない人の場合は、1ヶ月働いた場合の月給をそのまま報酬月額として、そこから標準報酬月額を決めます。これを「資格取得時決定」と呼びます。

●随時決定

　固定給が増減し、3ヶ月間の標準報酬の平均額と標準報酬月額とに2等級以上の差が出る場合は、標準報酬月額が改定されます。これを「随時決定」と呼びます。

1.5 給与明細の見方・その④ ── 控除される額・所得税・住民税

■ 所得税

　所得税は税金の中でも代表的なもので、国が徴収します。本来は1年分の所得に対してまとめて課税されますが、会社員の場合は毎月の給与から控除されます。控除される額は、

　　・課税対象の給与から社会保険料を引いた後の額
　　・扶養家族の人数

の2つで決まり、「給与所得の源泉徴収税額表」からその額を引きます。

　ここでいう扶養家族とは、具体的にはいっしょに暮らしている奥さん（控除対象配偶者）や家族（扶養親族）のことです。扶養親族を詳しく定義すると、「本人と生計を一にする、6親等内の血族および3親等内の姻族」となり、会社から提出を求められる「給与所得者の扶養控除等申告書」をもとに決まります。ただし、配偶者や扶養親族でも、合計所得金額が38万円超（給与収入で年間103万円超）の人は控除の対象にはなりません（→34ページ）。

　次のページ（図1.10）の給与明細の場合、課税対象の給与は「課税合計」の欄（①）にあります。また社会保険料は、

　　健康保険（②欄）／ 厚生年金（③欄）／ 雇用保険（④欄）

の3つです。以下のように、①から②／③／④を引いた額が、所得税の課税対象額になります（図の⑥欄）。

```
　①課税合計　　　　　　　336,940円
－②健康保険　　　　　　　 13,940円
－③厚生年金　　　　　　　 23,688円
－④雇用保険　　　　　　　  2,839円
　⑥所得税の課税対象　　　296,473円
```

▼図1.10 課税対象の給与

給	残業休日深夜	残業法定休日	残業法定深夜	非課税 通勤	課税 通勤	遅刻早退控除	欠勤 控除	①課税 合計	非課税 合計	総支給額合計
	残業半日普通 0							残業半日深夜 31,940	残業半日深夜 0	残業休日普通 0
	0	0	0	18,000	0	0	0	336,940	18,000	354,940
控	②健康 保険	介護 保険	③厚生 年金	厚生年金基金	確定拠出年金	④雇用 保険	社会保険調整	⑤社会保険合計	⑥課税対象額	⑦所 得 税
	13,940	0	23,688	0	0	2,839	0	40,467	296,473	7,860
除	住 民 税		税 調 整					控 除 計	控除 合計	
	0		0					7,860	48,327	

①－⑤

次に、源泉徴収税額表からこの人の所得税を調べてみましょう。

税額表から、先ほどの課税対象額（296,473円）の前後の部分を見ると、表1.7のようになっています。297,467円は「296,000円以上299,000円未満」の行に該当しますので、扶養家族の人数に応じて、その行から所得税が出てきます。

この人の場合、所得税の欄（⑦）に7,860円とありますから、扶養親族等の数は2人ということになりますね。

なお、「給与所得の源泉徴収税額表」は非常に量が多く、紙面の都合で本書には掲載していません。見てみたいという人は、以下のホームページを参照してください。

　　　http://www.nta.go.jp/category/pamph/gensen/2364/01.htm

Point 扶養家族が多くなると所得税は少なくなる

▼表1.7　給与所得の源泉徴収税額表（月額）

社会保険料控除後の給与等の金額		扶養親族等の数				
		0人	1人	2人	3人	4人
以上	未満	税額				
⋮	⋮	⋮	⋮	⋮	⋮	⋮
290,000	293,000	12,590	10,060	7,520	4,990	2,460
293,000	296,000	12,760	10,230	7,690	5,160	2,630
296,000	299,000	12,930	10,390	7,860	5,330	2,790
299,000	302,000	13,100	10,570	8,030	5,500	2,970
302,000	305,000	13,290	10,760	8,220	5,690	3,160
⋮	⋮	⋮	⋮	⋮	⋮	⋮

■ 住民税

所得税のほかに、住民税も給与から控除されます。**住民税**は、都道府県民税と市町村民税を合わせたものです（東京23区の場合は市町村民税ではなく「特別区民税」）。住民税の額は、会社が市町村に提出した「給与支払報告書」によって、市町村が計算して決定します。

この報告書は毎年1月末までに市町村に提出され、その年の5月末までに住民税の額が計算されます。そして、その額に沿って、その年の6月から翌年の5月まで住民税が控除されます。

なお、住民税の額は、前年の所得によって決まります。例えば、2005年に支払う住民税は、2004年の所得から計算されます。

また、住民税は所得の額にかかわらず一定額を課税する**均等割**（年間4,000円）と、所得の額に応じて変わる**所得割**で構成されています。なお、「市区町村によって住民税に差がある」という話を聞いたことがあるかもしれませんが、大半の市区町村では表1.8の計算方法に沿って計算されています。

▼表1.8　住民税の所得割の計算方法

所得の額	計算方法
200万円以下	所得×5%
200万円超700万円以下	所得×10%－10万円
700万円超	所得×13%－31万円

COLUMN　住民税は2年目から課税される

新入社員の場合、所得税は入社した年から徴収されますが、住民税は1年目は徴収されず、翌年から徴収されます。

所得税はその年の所得に対してかかりますが、住民税は前年の所得をもとに計算されます。入社1年目だと前年の所得がなく、住民税の課税対象が0になりますので、住民税がかからないわけです。

このようなことから、入社2年目で昇給があっても、住民税と相殺されてしまって、手取はあまり増えないこともあります。また、入社2年目で昇給が少ない（まったくない）と、住民税が引かれる分、手取が減ることもあり得ます。

1.6 賞与明細の見方

賞与明細もチェックしよう

ボーナス（賞与）は大きな収入でうれしいものですが、賞与明細もどうなっているか知っておきたいところです。ここでは、賞与明細の見方を解説します。

▼図1.11　賞与明細の例

賞与 明細書　　平成17年6月分
000-000 0001 ○山 一郎 様
ABC商事株式会社

	前月 課税額	賞与 税率							
基礎	265,706	6							

	賞 与 額								
支給	587,500								
							課税 合計	非課税 合計	総支給額合計
							587,500	0	587,500

	健康 保険	介護 保険	厚生 年金	厚生年金基金	雇用 保険	社会保険調整	社会保険合計	課税 対象額	所 得 税	税 調 整
控除	24,067	0	40,896	0	4,700	0	69,663	517,837	31,070	0
									控 除 計	控 除 合 計
									31,070	100,733

	累積課税合計		賞与 調整	調整後支給額		支 払 1		支 払 2	支 払 3	差 引 支 給 額
記事	2,449,440		0	486,767		486,767		0	0	486,767

COLUMN　2003年から賞与が減った？

かつて、厚生年金と健康保険の保険料は、賞与からはほとんど控除されていませんでした。しかし、2003年4月以降は、給与／賞与両方とも同率の保険料を徴収するように変わりました。これを「**総報酬制**」と呼びます。

「2003年以降、賞与が以前より少なくなった」という人がいるかと思いますが、総報酬制がその原因の1つです。

1.6 賞与明細の見方

▍社会保険料の控除

　賞与からも社会保険料が控除されます。計算の仕方は給与の場合とほぼ同じで、従業員の賞与から控除される額は以下のようになります（計算結果の1円未満は切り捨て）。

・健康保険料（政管健保の場合）
　　　賞与額（1,000円未満切捨て）×8.2%÷2

・厚生年金保険料
　　　賞与額（1,000円未満切捨て）×13.934%※÷2
　　（※2005年8月まで、それ以降は20ページの図1.9を参照）

・介護保険料（40歳～64歳の人のみ、政管健保の場合）
　　　賞与額（1,000円未満切捨て）×1.25%÷2

・雇用保険料
　　　賞与額×保険料率※
　　（※保険料率は21ページの表1.6を参照）

■計算の例

　左図の賞与明細の場合、賞与額は587,500円となっています。そこから社会保険料を計算すると以下のようになり、賞与明細の各欄に書いてある額が出てくることがわかります。

・健康保険料
　　587,000円（1,000円未満切捨て）×8.2%÷2＝**24,067円**

・厚生年金保険料
　　587,000円（1,000円未満切捨て）×13.934%÷2＝**40,896円**

・雇用保険料（保険料率0.8%の場合）
　　587,500円×0.8%＝**4,700円**

所得税の控除

賞与からは、所得税も控除されます。その額は以下の式で計算されます。

> 所得税＝社会保険料控除後の賞与額×所得税率

また、所得税の率は、「賞与支給月前月の、社会保険料控除後の給与額」と「扶養家族の人数」の2つをもとにして、「賞与に対する源泉徴収税額の算出率の表」という表から求めます。

計算の例

下の賞与明細を例に、実際に計算の手順を見てみましょう。

まず、賞与支給月前月の社会保険料控除後の給与額は、下図の①にある265,706円です。また、扶養家族の人数は賞与明細には出ていませんが、2人と思われます（→24ページ）。

これらを、「賞与に対する源泉徴収税額の算出率の表」に当てはめてみます。扶養家族の人数が2人になっている列の中で、先ほどの①の金額がどの範囲に入るかを見ます。

今取り上げている例では、265,706円は「248千円以上393千円未満」

▼図1.12　賞与に対する所得税を計算する際に使う数値

賞与 明細書	平成17年6月分
000-000 0001 ○山 一郎 様	ABC商事株式会社

	前月 課税額	賞与 税率						課税合計	非課税合計	総支給額合計
基礎	① 265,706	6								
支給	賞与額 ② 587,500							587,500	0	587,500
	健康保険	介護保険	厚生年金	厚生年金基金	雇用保険	社会保険調整	社会保険合計	課税対象額	所得税	税調整
控除	③ 24,067	0	④ 40,896		⑤ 4,700	0	69,663	⑥ 517,837	⑦ 31,070	0
									控除計 31,070	控除合計 100,733
記事	累積課税合計 2,449,440			賞与調整	調整後支給額 0	支払1 486,767	支払2 486,767	支払3 0		差引支給額 486,767 ⑧

のところに入ります（次ページ図1.13中の色地の部分）。そこから、その行の「賞与の金額に乗ずべき率」を見ると、所得税の税率は6％であることがわかります。

　次に、社会保険料控除後の賞与額に、今求めた税率を掛け算して、所得税の額を求めます。社会保険料控除後の賞与額は、控除前の賞与額（図1.12の②）から、健康保険（③）／厚生年金（④）／雇用保険（⑤）の各保険料を引いた額で、以下のように計算できます。課税対象額（⑥）の欄が、ここで求めた額になっています。

```
　②控除前の賞与額　　587,500円
－③健康保険　　　　　 24,067円
－④厚生年金　　　　　 40,896円
－⑤雇用保険　　　　　  4,700円
　⑥課税対象額　　　　517,837円
```

　そして、この額に税率（6％）を掛けて、以下のように所得税が求められます。所得税（⑦）の欄が、ここで求めた額になっています。

　　517,837円×6％＝31,070円

COLUMN　社会保険料を下げる裏ワザ

　27ページで解説したように、賞与からは健康保険料と厚生年金保険料が控除されます。ただ、計算対象の賞与額には上限があり、健康保険料は200万円、厚生年金保険料は150万円になっています。上限を超えた賞与を一度に支給すれば、超えた分には保険料がかからず、実質的に率が下がることになります。

　一方、賞与を給与に分散して支給して、厚生年金保険料を実質的に下げるという方法もあります。給与では厚生年金保険料は標準報酬月額に対してかかりますが、標準報酬月額の上限は62万円です。それ以上給与を支払っても、超えた分には厚生年金保険料がかからず、実質的に率が下がることになります。

▼図1.13 「賞与に対する源泉徴収税額の算出率の表」から税率を引く手順

賞与の金額に乗ずべき率	扶養家族							
	0人		1人		2人		3人	
	前月の社会保険料控除後の給与等の金額							
	以上	未満	以上	未満	以上	未満	以上	未満
0		65		89		123		159
2	65	71	89	98	123	140	159	180
4	71	77	98	115	140	248	180	248
6	77	85	115	365	248	393	248	417
8	85	371	365	401	393	427	417	452
10	371	410	401	438	427	466	452	494
︙	︙	︙	︙	︙	︙	︙	︙	︙

※給与等の金額の単位は千円

賞与の手取額

最後に、賞与の手取額を計算します。これは、控除前の賞与の額から、社会保険料と税金を引いた額です。

図1.12の例では、控除前の賞与額（図1.12の②）から、健康保険（③）／厚生年金（④）／雇用保険（⑤）／所得税（⑦）を引いて、以下のように求められます。

　　②控除前の賞与額　　587,500円
　－③健康保険　　　　　24,067円
　－④厚生年金　　　　　40,896円
　－⑤雇用保険　　　　　 4,700円
　－⑦所得税　　　　　　31,070円
　　⑧差引支給額　　　　486,767円

この賞与明細では、右下の「差引支給額」（⑧）が手取の支給額です。上で求めた額になっていることがわかります。

1.7 年末調整と所得税の計算

年末調整とは？

　毎年暮れになると、「年末調整」という言葉を耳にすることがあると思います。では、年末調整とはいったい何なのでしょうか？

　所得税は、本来は1年間の収入が確定した後で計算するものです。一方、毎月の給与からは所得税が控除されますが、これは収入が確定する前に仮の額が控除されているのです。

　そのため、収入が確定した後で所得税を正しく計算すると、控除された所得税との間にずれが出ることがあります。それを調整して、所得税を徴収しすぎていれば還付し、逆に徴収不足であればその不足分を徴収します。これが年末調整です。

▼図1.14　年末調整で所得税の過不足を調整する

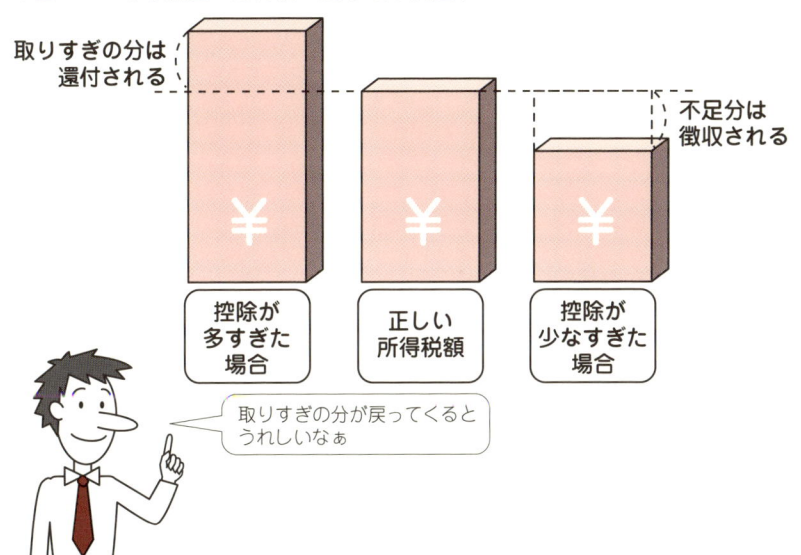

取りすぎの分は還付される

不足分は徴収される

控除が多すぎた場合　　正しい所得税額　　控除が少なすぎた場合

取りすぎの分が戻ってくるとうれしいなぁ

正しい所得税の計算方法

では、正しい所得税は、どのようにして計算するのでしょうか？　その概要から説明しましょう。

まず、所得を求めることからはじめます。所得税でいうところの所得とは、「収入から、それを得るためにかかった経費を引いたもの」です。会社員の場合、経費は実額ではなく、給与額に応じた「給与所得控除額」という額を引きます。

次に、所得から「所得控除」という額を引いて課税所得を求めます。同じ所得でも、家族構成などによって所得税の負担能力が違いますので、所得控除でその点を調整します。

そして、課税所得に税率を掛けると、所得税が求められます。また、場合によっては、税額控除という額を引くこともできます（住宅ローン控除など。→46ページ）。こうして、実際に納める所得税額が計算されます。

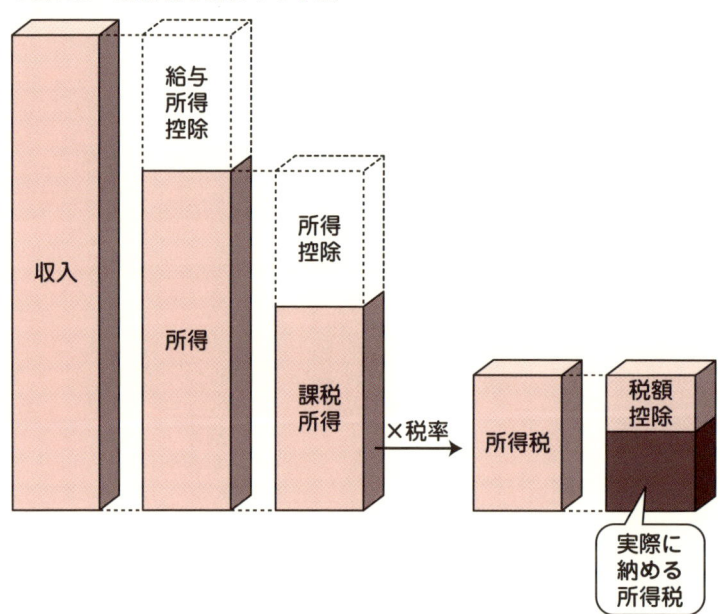

▼図1.15　所得税を計算する手順

1.7 年末調整と所得税の計算

給与所得の求め方

それでは、具体的な所得税の計算手順を解説しましょう。まず、給与所得を求めます。

給与所得は、給与収入（税金や社会保険料を控除する前の給与や賞与の総額）から、「給与所得控除額」を引くと求められます。給与所得控除額は、会社員にとっての「必要経費」に相当するものです。給与収入の額に応じて、表1.9のように計算します。また、給与収入と給与所得控除額の関係をグラフにすると、図1.16のようになります。収入が増えるにつれて給与所得控除額も増えますが、収入が多くなるほど控除額があまり増えない仕組みです。

▼表1.9　給与所得控除額の計算方法

給与収入		給与所得控除額の計算方法
	65万円以下	給与収入全額
65万円超	162.5万円以下	65万円
162.5万円超	180万円以下	給与収入×40%
180万円超	360万円以下	給与収入×30%＋18万円
360万円超	660万円以下	給与収入×20%＋54万円
660万円超	1,000万円以下	給与収入×10%＋120万円
1,000万円超		給与収入×5%＋170万円

▼図1.16　給与収入と給与所得控除額の関係

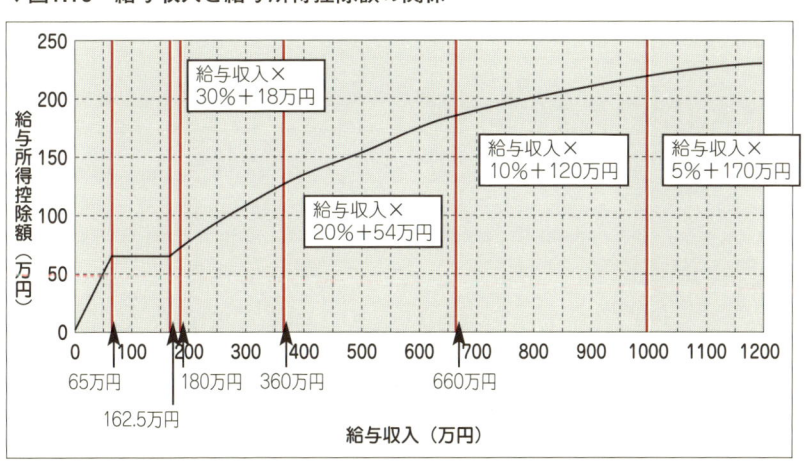

Level 1　いちばん気になる給料の数字

例えば、給与収入が500万円の人の場合、給与所得控除額と給与所得は、以下のように計算されます。

給与所得控除額＝500万円×20％＋54万円＝154万円
給与所得＝500万円－154万円＝346万円

ただし、給与収入が660万円未満の場合は、実際には「年末調整のための給与所得控除後の給与等の金額の表」という表から給与所得を求めます。

この表は分量が多いので、本書には掲載していません。興味のある人は、国税庁のホームページからダウンロードして見てください。以下のアドレスに接続し、「年末調整の手順と税額の速算表等」の最新のものを開くと、表が入っています。

http://www.nta.go.jp/category/pamph/01.htm

課税所得の求め方

次に、所得から各種の所得控除を引いて、課税所得を求めます。その際、引いた結果の1,000円未満は切り捨てます。

所得控除は種類が多いので、その中から特に重要なものを取り上げます。

■基礎控除

基礎控除は、すべての納税者に一律に認められるものです。額は38万円です。

■配偶者控除と配偶者特別控除

納税者に配偶者がいる場合、条件を満たせば配偶者控除という控除を受けることができます。額は38万円です。

配偶者の「合計所得金額」が38万円以下なら、配偶者控除の対象になります。合計所得金額は、説明すると長くなるので省略しますが、パート勤めなどで給与収入を得ていて、その給与収入が161.9万円未満なら、給与収入から65万円を引いた額になります（ただし、下限は0）。したがって、給与収入が103万円以下だと、合計所得金額が38万円以下になり、配偶者控除の対象になります。

また、配偶者の合計所得金額が38万円以上76万円未満の場合（パートの給与収入なら、103万円以上141万円未満）は、配偶者控除は受けることができませんが、**配偶者特別控除**という控除を受けることができます。

配偶者特別控除の額は、配偶者の収入が増えるにつれて減るようになっています（表1.10：次ページ）。配偶者の収入と配偶者控除額／配偶者特別控除額の関係をグラフにすると、図1.17のようになります。配偶者の収入が増えるにつれて控除が減り、その分だけ納税者本人の課税所得が多くなることになります。

▼図1.17　配偶者の合計所得金額と配偶者控除額／配偶者特別控除額の関係

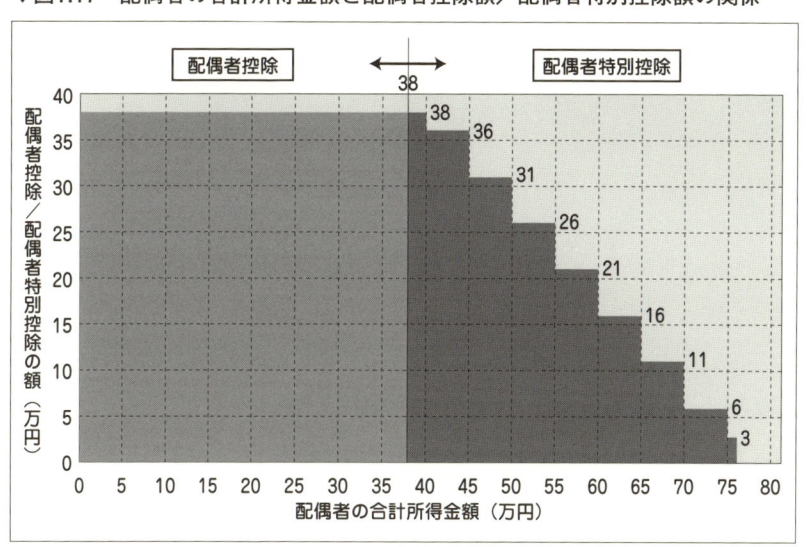

■扶養控除

納税者に税法上の扶養親族がいる場合は（子供など）、**扶養控除**という控除を受けることができます（表1.11：次ページ）。

例えば、18歳と15歳の子供がいる場合、**特別扶養控除**（その年の12月31日時点で満16歳〜22歳の扶養親族）が1人と、その他の扶養親族が1人となります。したがって、扶養控除の額は63万円＋38万円＝101万円になります。

▼表1.10　配偶者特別控除の額

配偶者の給与収入	左列の給与収入に対する配偶者の合計所得金額	配偶者特別控除の額
103万円超105万円未満	38万円を超え40万円未満	38万円
105万円以上110万円未満	40万円以上45万円未満	36万円
110万円以上115万円未満	45万円以上50万円未満	31万円
115万円以上120万円未満	50万円以上55万円未満	26万円
120万円以上125万円未満	55万円以上60万円未満	21万円
125万円以上130万円未満	60万円以上65万円未満	16万円
130万円以上135万円未満	65万円以上70万円未満	11万円
135万円以上140万円未満	70万円以上75万円未満	6万円
140万円以上141万円未満	75万円以上76万円未満	3万円
141万円以上	76万円以上	0円

配偶者の収入によって控除額が変わるんだね

▼表1.11　扶養控除の額

扶養親族の種類		扶養控除の額（1人当たり）
特定扶養親族（※1）		63万円
老人扶養親族（※2）	同居	58万円
	別居	48万円
その他の扶養親族		38万円

※1　その年の12月31日時点で満16歳から満22歳の扶養親族
※2　その年の12月31日時点で満70歳以上の扶養親族

1.7 年末調整と所得税の計算

■ 社会保険料控除

健康保険／厚生年金／雇用保険／介護保険などの社会保険料は、**社会保険料控除**の対象になります。所得税を計算する際には、所得からこれらの社会保険料をすべて控除します。

■ 生命保険料控除

民間の生命保険に加入している場合、**生命保険料控除**として、その保険料の一部を控除することができます（表1.12）。例えば、1年間で生命保険料として80,000円支払った場合、生命保険料控除の額は以下のように求められます。

$$生命保険料控除 = 80,000円 \div 4 + 25,000円 = 45,000円$$

また、民間の個人年金保険に加入している場合、以下の条件を満たせば、その保険料は生命保険とは別枠で生命保険料控除の対象になります。

① 年金の受取人が契約者本人かその配偶者
② 保険料を10年以上に渡って定期的に支払う
③ 満60歳以降に10年以上に渡って年金を受け取る

個人で生命保険に入っていると、年末が近づくと保険会社から「生命保険料控除証明書」が送付されます。それを会社に提出すると、年末調整で生命保険料控除を受けることができます。

▼表1.12　生命保険料控除の額

年間の支払保険料の合計	控除額
25,000円以下	支払保険料全額
25,000円超50,000円以下	支払保険料÷2＋12,500円
50,000円超100,000円以下	支払保険料÷4＋25,000円
100,000円超	50,000円

■ **損害保険料控除**

　民間の損害保険（火災保険や傷害保険）に加入している場合は、**損害保険料控除**として、保険料の一部を控除することができます（ただし、自動車保険は対象外です）。

　保険の種類によって、「長期」と「短期」の2種類に分けて計算します（表1.13、1.14）。長期とは、保険期間が10年以上で、満期返戻金がある場合を指します。それ以外は短期になります。長期と短期の両方の損害保険に入っている場合は、それぞれの控除額を出して合計します（ただし、上限は合計で15,000円）。

▼表1.13　損害保険料控除（短期）の額

年間の支払保険料の合計	控除額
2,000円以下	支払保険料全額
2,000円超4,000円以下	支払保険料÷2＋1,000円
4,000円超	3,000円

▼表1.14　損害保険料控除（長期）の額

年間の支払保険料の合計	控除額
10,000円以下	支払保険料全額
10,000円超20,000円以下	支払保険料÷2＋5,000円
20,000円超	15,000円

COLUMN　確定拠出年金と小規模企業共済等掛金控除

　公的年金に上乗せする制度の1つに、「確定拠出年金」というものがあります。企業年金（厚生年金基金など）が導入されていない会社に勤めている人は、個人型の確定拠出年金に加入して、老後に備えることができます。その際に支払った掛け金は、全額が「小規模企業共済等掛金控除」という所得控除の対象になり、節税（わずかですが）に使うことができます。

　なお、個人型の確定拠出年金の詳細については、以下のホームページをご参照ください。

　　http://www.npfa.or.jp/401K/top.html

1.7 年末調整と所得税の計算

所得税の計算

所得から各種の所得控除を引いて課税所得が求められたら、それに税率をかけて所得税を計算します。

具体的には、課税所得の額に応じて、表1.15のように計算します。課税所得金額と所得税額の関係をグラフで表すと、図1.18のようになります。課税所得が多いほど税率が高くなっていますが、このような仕組みのことを**累進課税**と呼びます。

例えば、課税所得が400万円の人の場合、所得税は以下のように計算します。

$$所得税＝400万円×20\％－33万円＝47万円$$

▼図1.18 課税所得金額と所得税額の関係

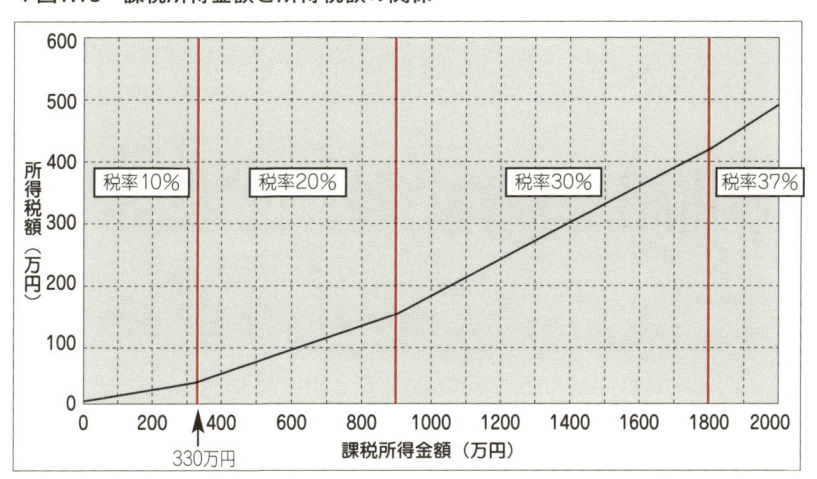

▼表1.15 所得税の計算方法

課税所得金額	所得税
330万円以下	課税所得金額×10％
330万円超900万円以下	課税所得金額×20％－33万円
900万円超1,800万円以下	課税所得金額×30％－123万円
1,800万円超	課税所得金額×37％－249万円

なお、平成17（2005）年度分の時点では、**定率減税**という減税が行われています。これは、所得税の20％（減税額の上限は25万円）、および住民税の15％（上限4万円）が一律に減税されるというものです。これを上の例に当てはめると、実際に納める所得税は以下のようになります。

実際に納める所得税＝47万円－47万円×20％
**　　　　　　　　　＝37.6万円**

なお、住宅ローン控除がある場合は、定率減税をする前に、住宅ローン控除の額を引きます。詳しくは46ページを参照してください。

COLUMN　定率減税の縮小・廃止

　低迷する景気の回復を目的に、1999年から定率減税が実施されました。当時の発表によると、それまでの一時的な「特別減税」とは違って「恒久的減税」とされたのです。

　しかし、税収の落ち込みを理由に定率減税の縮小・廃止が提案され、2006年度（平成18）についてはそれまでの半減（所得税で10％、上限12.5万円＝1月から。個人住民税で7.5％、上限2万円＝6月から）にすると決まり、2007年からは原則廃止で合意しています。

　例えば上記のように所得税が47万円の場合、半減だと年間で4.7万円、廃止だと9.4万円の増税になります。

　定率減税の縮小・廃止のほかにも消費税の引き上げが騒がれ、一方で厚生年金保険料が値上げされるなど、個人の家計はますます苦しくなるばかりです。お金の使い方に慎重になると同時に、税金や社会保険についても1人ひとりがもっと注意を向けるべきでしょう。

1.8 源泉徴収票の見方

源泉徴収票って何？

年末調整が終わると、「源泉徴収票」という紙が手渡されると思います。ただ、「見ても何が書いてあるかわからない」という人がほとんどでしょう。

源泉徴収票には、「今年の所得税はこの額になりました」ということが書かれています。前節で所得税の計算手順を解説しましたが、それに沿って計算した結果が書かれているのです。

給与所得の計算

それでは、実際の源泉徴収票をもとに、その見方を解説しましょう。まずは、給与収入から給与所得を計算するところまでを見ていきます。

▼図1.19 源泉徴収票の見本

まず、前ページ図1.19の①（支払金額）の欄を見てください。ここには、社会保険料や所得税を控除する前の給与や賞与の総額が書かれています。これが計算のスタートとなる給与収入です。この例では、4,905,260円になっています。

　この額を、「簡易給与所得表」という表に当てはめ、給与所得を調べます。この表の中から4,905,260円の前後の部分を抜き出すと、表1.16のようになっています。これを見ると4,905,260円は4,904,000円〜4,907,999円の範囲に入り、給与所得の額は3,383,200円になることがわかります。この額が、源泉徴収票の②（給与所得控除後の金額）の欄に書かれている数字です。

　なお、「簡易給与所得表」をすべて見たい人は、国税庁のホームページからダウンロードしてください。
　　　http://www.nta.go.jp/category/kakutei/tebiki/h15/pdf/15.pdf

▼表1.16　給与所得控除後の給与等の金額（抜粋）

給与等の金額	給与所得控除後の給与等の金額
⋮	⋮
4,896,000〜4,899,999円	3,376,800円
4,900,000〜4,903,999円	3,380,000円
4,904,000〜4,907,999円	3,383,200円
4,908,000〜4,911,999円	3,386,400円
4,912,000〜4,915,999円	3,392,800円
⋮	⋮

所得控除の計算

　次に、所得控除の額を求めます。次ページにあげた図1.20の①〜⑤の欄をもとに計算し、結果は⑥の欄に記載されます。

配偶者控除と扶養控除

　①の欄には、扶養親族が何人いるかという情報があります。まず、「控除対象配偶者の有無等」の欄を見ると、「＊」のマークがついています。また、

⑤の「配偶者の合計所得」の欄を見ると、配偶者には所得がありません。したがって、配偶者控除の対象になります（控除の額は38万円）。

さらに、「扶養親族の数」の「その他」のところに「1」とあります。おそらく子供だと思われますが、これが扶養控除の対象になります（控除の額は38万円）。

▼図1.20　所得控除の計算に使う数値

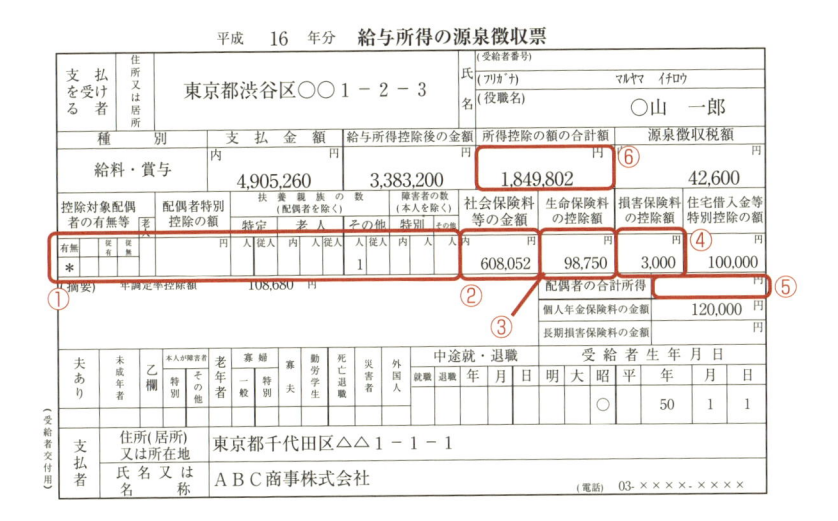

平成 16 年分　給与所得の源泉徴収票		
住所又は居所：東京都渋谷区○○1-2-3	氏名（フリガナ）：マルヤマ イチロウ ○山 一郎	
種別：給料・賞与	支払金額：4,905,260円	給与所得控除後の金額：3,383,200円
所得控除の額の合計額：1,849,802円 ⑥	源泉徴収税額：42,600円	
控除対象配偶者の有無等 ①　有　無 ※	配偶者特別控除の額	扶養親族の数（配偶者を除く）その他：1人
社会保険料等の金額：608,052円 ②	生命保険料の控除額：98,750円 ③	損害保険料の控除額：3,000円 ④
住宅借入金等特別控除の額：100,000円	配偶者の合計所得：（空欄）⑤	個人年金保険料の金額：120,000円
年調定率控除額：108,680円		
夫あり　未成年者　本人が障害者　乙欄　老年者　寡婦　勤労学生　死亡退職　災害者　外国人　中途就・退職	受給者生年月日：昭 50 1 1	
住所（居所）又は所在地：東京都千代田区△△1-1-1	氏名又は名称：ABC商事株式会社	（電話）03-××××-××××

■社会保険料控除

②の「社会保険料等の金額」は、健康保険や厚生年金等の社会保険料の合計額が書かれています。この額は全額が社会保険料控除の対象になります。

■生命保険料控除と損害保険料控除

③の「生命保険料の控除額」と、④の「損害保険料の控除額」は、それぞれ37～38ページの表1.12～表1.14で計算した控除額が書かれています。

図1.20では、生命保険料控除が98,750円、損害保険料控除が3,000円ということになります。

■ 所得控除の合計額

　ここまでに示した各種の所得控除に**基礎控除**（38万円）を合計した額が、図1.20の⑥の欄に計算されています。実際に計算してみると、下のようになります。確かに、⑥の欄の金額に合っていることがわかります。

◀表1.17　所得控除の計算例

所得控除	金額
基礎控除	380,000円
配偶者控除	380,000円
扶養控除	380,000円
社会保険料控除	608,052円
生命保険料控除	98,750円
損害保険料控除	3,000円
合計	1,849,802円

COLUMN　特定支出控除

　給与所得控除は会社員の経費に相当するもので、給与等の額に一定率を掛けて求めます。ただ、場合によっては給与所得控除額以上に経費がかかることもあります。以下の5つに当てはまる経費の場合、その合計額が給与所得控除を超えていれば、超えた分を「特定支出控除」として、給与所得控除後の金額から控除することができます。

①通勤のために必要と認められる支出
②転勤に伴う引越し費用などのうち一定のもの
③職務に直接に必要な技術や知識を得るために支出した費用
④職務に直接に必要な資格を取得するために支出した費用
⑤単身赴任などの場合で、勤務地と自宅を往復するために支出した費用のうち一定のもの

　なお、特定支出控除を受けるには、会社がそのことを証明する必要があります。また、特定支出に関する明細書と証明書（領収書など）を添付して、確定申告することが必要になります。

1.8 源泉徴収票の見方

■ 所得税の計算

最後に、所得税の額を計算します。図1.21の①〜③の数値を使って計算し、結果が④になります。

▼図1.21　所得税の計算に使う数値

（源泉徴収票の画像：給与所得控除後の金額 3,383,200円①、所得控除の額の合計額 1,849,802円②、源泉徴収税額 42,600円④、住宅借入金等特別控除の額 100,000円③、支払金額 4,905,260円、社会保険料等の金額 608,052、生命保険料の控除額 98,750、損害保険料の控除額 3,000、年調定率控除額 108,680円、個人年金保険料の金額 120,000）

■ 課税所得の計算

まず、給与所得（①）から所得控除（②）を引いて、課税所得の金額を計算します。図1.21の例では、以下のように計算されます。

　　課税所得＝3,383,200円－1,849,802円
　　　　　　＝1,533,000円（1,000円未満切捨て）

■ 所得税の計算

次に、上で求めた課税所得に税率を掛けて、所得税を求めます。1,533,000円だと税率は10％なので（39ページの表1.15参照）、所得税は以下のように計算されます。

　　所得税＝1,533,000円×10％＝153,300円

■**住宅ローン控除**

　住宅ローンを抱えている場合、条件によって**住宅ローン控除**を受けることができます。上の手順で所得税を計算した後、その額から住宅ローン控除の額を引くことができます。

　源泉徴収票では、「住宅借入金等特別控除の額」の欄に、住宅ローン控除の額が書かれています。図1.21では③の欄で、その額は100,000円になっています。したがって、住宅ローン控除後の所得税は、以下のように計算できます。

$$住宅ローン控除後の所得税 = 153,300円 - 100,000円$$
$$= 53,300円$$

■**定率減税**

　最後に、20%の定率減税を行い、実際に納める税額を計算します。計算結果の100円未満は切り捨てます。

　今取り上げている例では、以下のようになります。

$$実際に収める税額 = 53,300円 - 53,300円 \times 20\%$$
$$= 42,600円（100円未満切捨て）$$

　源泉徴収票の「源泉徴収税額」の欄（④）の金額は、ここまでの手順で求められた金額です。

COLUMN　源泉徴収票は保管しておこう

　源泉徴収票をもらっても、「見てもよくわからない」といって、すぐに捨ててしまう人がいるのではないでしょうか。

　しかし、後述する「医療費控除」などを受ける際には、源泉徴収票が必要になります。源泉徴収票は捨てずに、保管しておくことをお勧めします。

1.9 会社員でもできる節税

Level 1 いちばん気になる給料の数字

節税余地は少ないが‥‥

　誰しも、高い税金は払いたくないことでしょう。できるなら、「節税」をして税金を安くしたいものです。ただ、残念なことに、会社員には節税の余地はほとんどありません。

　例えば自営業者なら、経費を多く使えばその分所得が減り、所得税を節税することができます。儲かった年には設備投資を多くするなどして経費を増やし、ある程度、所得税をコントロールすることができます。

　しかし、会社員ではそのようなことはできません。給与の額に応じて給与所得控除が決まっているため、自分で経費をコントロールすることは無理なのです。

　ただ、ごくわずかではありますが、節税する方法がないわけではありません。ここではその方法を紹介します。

医療費がかかったら医療費控除を受ける

　聞いたことがあるかと思いますが、もっともポピュラーなのが医療費控除です。医療費控除は所得控除の一種で、医療費がたくさんかかったときに、その一部を所得から控除してもらえるものです。納税者本人の医療費だけでなく、生計を一にする親族にかかった医療費も医療費控除の対象になります。

　給与所得しかない人の場合、控除できる額は給与所得（給与収入－給与所得控除額）の額で決まり、以下のようになります。

①給与所得が200万円以上の場合
　　実際に支払った医療費－医療保険等で補填される額－10万円

②給与所得が200万円未満の場合
　　実際に支払った医療費－医療保険等で補填される額－給与所得×5％

所得控除が増える分だけ課税所得が減り、それによって所得税も減ることになります。

■医療費控除の計算例

例えば、給与収入が500万円で、医療費控除以外の所得控除が180万円の人がいるとします。定率減税まで考慮すると、この人の所得税は132,800円になります（→章末練習問題の問題2）。

もし、この人が年間で30万円の医療費を支払い、そのうち15万円が医療保険で補填されたとしましょう。この人の給与所得は200万円を超えていますので、医療費控除の額は47ページの①の式で計算します。

実際に払った医療費	30万円
－医療保険等で補填される額	15万円
－	10万円
医療費控除額	5万円

この分を考慮に入れて所得税を計算すると、128,800円になります（→章末練習問題の問題2-3）。医療費控除する前の所得税は132,800円でしたので、132,800円－128,800円＝4,000円が還付されることになります。

■医療費控除の受け方

医療費控除は年末調整することができません。確定申告することが必要です。確定申告書を作り、源泉徴収票と、医療費を証明する書類を添付します。

その際、インターネットを利用すれば医療費控除用の確定申告書を簡単に作ることができます。国税庁のホームページ「確定申告書作成コーナー」を使って、できた確定申告書をカラープリンタで印刷して、源泉徴収票と医療費の書類を添付して税務署に提出します。

なお、国税庁のホームページのアドレスは以下のとおりです。

http://www.nta.go.jp

住宅ローン控除

もう1つのポピュラーな節税方法として、**住宅ローン控除**（正確には「住宅借入金等特別控除」）があります。これも聞いたことのある人が多いでしょう。

これは、いくつかの条件を満たすと、住宅ローン残高の一定割合が、所得税から税額控除されるものです。所得から控除するのではなく、税額から控除するので、節税効果は大きくなります。

控除される率と額

住宅ローン控除は、毎年のように制度が変わるので複雑です。現在では次ページの表1.19のようになっています。

2005年中に居住を開始する場合、1年目から8年目までは、毎年末のローン残高の1％が所得税から控除されます。また、9年目と10年目は0.5％が控除されます。例えば、2005年に居住を開始し、その年末のローン残高が3,000万円で、毎年100万円ずつ残高が減っていくとすると、表1.18の額が毎年の所得税から控除されます。

ただし、所得税の額より控除の額が多い場合は、所得税が0になるだけで、それ以上は戻りません。例えば、所得税が20万円で、住宅ローン控除の額が30万円の場合は、所得税が0になるだけです。

▼表1.18　住宅ローン控除の例

年	ローン残高	控除される額
2005年末	3,000万円	3,000万円×1％＝30万円
2006年末	2,900万円	2,900万円×1％＝29万円
︙	︙	︙
2012年末	2,300万円	2,300万円×1％＝23万円
2013年末	2,200万円	2,200万円×0.5％＝11万円
2014年末	2,100万円	2,100万円×0.5％＝10.5万円

▼表1.19 住宅ローン控除の控除率

居住開始年	適用になる ローン残高の上限	控除される率 （ローン残高にこの率を掛ける）
2004年 （平成16）	5,000万円	1年目〜10年目：1%
2005年 （平成17）	4,000万円	1年目〜8年目：1%、9年目〜10年目：0.5%
2006年 （平成18）	3,000万円	1年目〜7年目：1%、8年目〜10年目：0.5%
2007年 （平成19）	2,500万円	1年目〜6年目：1%、7年目〜10年目：0.5%
2008年 （平成20）	2,000万円	1年目〜6年目：1%、7年目〜10年目：0.5%

1.9 会社員でもできる節税

■住宅ローン控除と定率減税
2005年では、所得税の20％が定率減税されています。ただし、住宅ローン控除がある場合は、定率減税をする前に住宅ローン控除を引きます。

例えば、定率減税前の所得税が30万円で、住宅ローン控除の額が20万円ある場合、実際に納める所得税（定率減税後の所得税）は以下のように計算します。

　　住宅ローン控除後の所得税＝30万円－20万円＝10万円
　　実際に納める所得税＝10万円－10万円×20％＝8万円

■住宅ローン控除を受けるには
住宅ローン控除を受けたい場合、1年目は確定申告が必要です。ローン残高の証明書や、登記簿謄本などの書類を添えて確定申告します。詳しくは、お近くの税務署にお問い合わせください。

なお、2年目以降は年末調整で住宅ローン控除を行うことができます。年末調整の時期になると、会社から必要書類を提出するように求められますので、以下の2つの書類を提出します。

①年末調整のための住宅借入金等特別控除申告書（10月頃に税務署から送付される）
②住宅取得資金に係わる借入金の年末残高証明書（借入先の金融機関から取り寄せる）

COLUMN　住宅ローン控除の落とし穴

住宅ローン控除は、定率減税を行う前の所得税から控除します。その後に定率減税を計算しますので、住宅ローン控除がその定率分だけ減ってしまいます。住宅ローン控除は減税額が大きく、この影響は意外な落とし穴になりますので、気をつけてください。

例えば、住宅ローン控除の額が20万円ある場合、それに対しても定率減税の20％が掛け算されますので、実際の控除の額は4万円（＝20万円×20％）減って16万円になります。

Level 1　いちばん気になる給料の数字

第1章 練習問題

■問題1

図はBさんの源泉徴収票です。これをもとに、以下の額を計算してください。

▼Bさんの源泉徴収票

平成 17 年分 給与所得の源泉徴収票
支払金額: 5,000,000円
社会保険料等の金額: 600,000円
損害保険料の控除額: 3,000円
個人年金保険料の金額: 90,000円
受給者生年月日: 昭 50 1 1

┋問題1-1┋

給与所得控除後の金額（①欄）を計算してください。なお、給与所得控除額の計算は、33ページの表に沿って行ってください。

┋問題1-2┋

生命保険料の控除額（②欄）を計算してください。なお、一般の生命保険に、年間で20万円の保険料を支払ったものとします。

┋問題1-3┋

所得控除の額の合計額（③欄）を計算してください。

問題1-4

源泉徴収税額（④欄）を計算してください。定率減税（20％）も考慮します。

問題2

Cさんは給与収入が500万円で、医療費控除以外の所得控除の合計額が180万円です。このCさんが年間で30万円の医療費を支払い、そのうち15万円が医療保険で補填されたとします。この前提で、以下を計算してください。

問題2-1

給与所得を計算してください。

問題2-2

医療費控除を入れない場合の所得税（定率減税後）を計算してください。

問題2-3

医療費控除を入れた場合の所得税（定率減税後）を計算してください。

HINT 医療費控除の額の計算方法は、47ページで解説しています。

第1章　解答

■ 問題1

● 問題1-1

　給与所得控除後の金額は、支払金額から給与所得控除額を引いて求めます。給与所得控除額は、33ページの表にしたがって計算します。

　　給与所得控除額＝支払金額×給与所得控除の率
　　　　　　　　　＝500万円×20％＋54万円＝154万円

　　給与所得控除後の金額＝支払金額－給与所得控除額
　　　　　　　　　　　　＝500万円－154万円＝346万円

● 問題1-2

　一般の生命保険料と、個人年金保険料に分けて計算します。

　一般の生命保険料は、問題文より20万円ということなので、37ページの表に当てはめて、控除額は5万円です。一方、個人年金保険料は、源泉徴収票に9万円と記載されています。37ページの計算に当てはめて、控除額は以下のように計算します。

　　控除額＝90,000万円÷4＋25,000円＝47,500円

　これらを合計して、生命保険料の控除額は97,500円です。

問題1-3

源泉徴収票と、問題1-2で計算した生命保険料控除額から、Bさんの所得控除は表のようになります。

▼Bさんの所得控除

種類	額（円）
基礎控除	380,000
配偶者控除	380,000
扶養控除（子供2人）	760,000
社会保険料控除	600,000
生命保険料控除	97,500
損害保険料控除	3,000
合計	2,220,500

問題1-4

以下の順で計算します。

課税所得＝給与所得控除後の金額－所得控除
　　　　＝3,460,000円－2,220,500円
　　　　＝1,239,000円（1,000円未満切捨て）
定率減税前の所得税＝課税所得×税率
　　　　　　　　　＝1,239,000円×10％＝123,900円
定率減税＝123,900円×20％＝24,780円
源泉徴収税額＝定率減税前の所得税－定率減税
　　　　　　＝123,900円－24,780円
　　　　　　＝99,100円（100円未満切捨て）

■ 問題2

┊問題2-1┊

以下の手順で計算します。

$$給与所得控除額 = 給与収入 \times 給与所得控除の率$$
$$= 500万円 \times 20\% + 54万円 = 154万円$$
$$給与所得 = 給与収入 - 給与所得控除額$$
$$= 500万円 - 154万円 = 346万円$$

┊問題2-2┊

以下の手順で計算します。

$$課税所得 = 給与所得 - 所得控除$$
$$= 346万円 - 180万円 = 166万円$$
$$定率減税前の所得税 = 課税所得 \times 所得税率$$
$$= 166万円 \times 10\% = 166,000円$$
$$定率減税 = 定率減税前の所得税 \times 20\%$$
$$= 166,000円 \times 20\% = 33,200円$$

$$定率減税後の所得税 = 定率減税前の所得税 - 定率減税$$
$$= 166,000円 - 33,200円 = 132,800円$$

問題2-3

　給与収入だけの方だと、合計所得金額＝給与所得です。問題2-1より、給与所得は346万円で200万円以上ですので、医療費控除額は以下のように計算します。

> 医療費控除額
> ＝実際に支払った医療費－医療保険等で補填される額－10万円
> ＝30万円－15万円－10万円＝5万円

この額を所得控除に入れて、所得税を計算します。

> 課税所得＝給与所得－所得控除
> 　　　　＝346万円－185万円＝161万円
> 定率減税前の所得税＝課税所得×所得税率
> 　　　　　　　　　＝161万円×10％＝161,000円
> 定率減税＝定率減税前の所得税×20％
> 　　　　＝161,000円×20％＝32,200円
> 定率減税後の所得税＝定率減税前の所得税－定率減税
> 　　　　　　　　　＝161,000円－32,200円＝128,800円

COLUMN　医療費控除の還付の速算法

　医療費控除で還付される税額は、以下のように求めることもできます（ただし、医療費控除によって税率の区分が変わる場合は除きます）。

> 還付される額＝医療費控除額×所得税率×(1－定率減税)

　この問題の人の場合、医療費控除額が5万円、所得税率が10％です。定率減税を20％とすると、還付される額は5万円×10％×(1－20％)＝4,000円になります。

▼標準報酬月額表

等級	報酬月額 以上	報酬月額 未満	標準報酬月額	等級	報酬月額 以上	報酬月額 未満	標準報酬月額
1		101,000円	98,000円	21	350,000円	370,000円	360,000円
2	101,000円	107,000円	104,000円	22	370,000円	395,000円	380,000円
3	107,000円	114,000円	110,000円	23	395,000円	425,000円	410,000円
4	114,000円	122,000円	118,000円	24	425,000円	455,000円	440,000円
5	122,000円	130,000円	126,000円	25	455,000円	485,000円	470,000円
6	130,000円	138,000円	134,000円	26	485,000円	515,000円	500,000円
7	138,000円	146,000円	142,000円	27	515,000円	545,000円	530,000円
8	146,000円	155,000円	150,000円	28	545,000円	575,000円	560,000円
9	155,000円	165,000円	160,000円	29	575,000円	605,000円	590,000円
10	165,000円	175,000円	170,000円	30	605,000円	635,000円	620,000円
11	175,000円	185,000円	180,000円	31	635,000円	665,000円	650,000円
12	185,000円	195,000円	190,000円	32	665,000円	695,000円	680,000円
13	195,000円	210,000円	200,000円	33	695,000円	730,000円	710,000円
14	210,000円	230,000円	220,000円	34	730,000円	770,000円	750,000円
15	230,000円	250,000円	240,000円	35	770,000円	810,000円	790,000円
16	250,000円	270,000円	260,000円	36	810,000円	855,000円	830,000円
17	270,000円	290,000円	280,000円	37	855,000円	905,000円	880,000円
18	290,000円	310,000円	300,000円	38	905,000円	955,000円	930,000円
19	310,000円	330,000円	320,000円	39	955,000円		980,000円
20	330,000円	350,000円	340,000円				

※厚生年金は30等級まで（報酬月額が605,000円以上の場合、標準報酬月額は620,000円）

第2章

会社で目にする
数字・基礎編

会社の成績を表すものとして、「決算書」は非常に重要です。どんな部署に在籍するにせよ、決算書はある程度読みこなせるようになりたいものです。
第2章では、決算書がどのようにしてできているか、また決算書には何が書かれているかということを解説していきます。

2.1 決算書って何？

会社の状態を数字で表したもの

　例えば、あなたがある会社と取引を始めるとしましょう。その際、何に注意するでしょうか？　注意点はいくつかあるかと思いますが、「その会社と取引して、ちゃんとお金を回収することができるだろうか？」ということは非常に重要だと思います。

　では、「お金を回収できるかどうか」は、どこで判断すればいいでしょうか？　周囲の噂なども判断材料になるかと思いますが、それには数字的な裏づけがありません。

　このように、会社の状態を数字で判断することは、日常的によくあることです。決算書は、まさに会社の状態を数字で簡潔に表したものです。

貸借対照表と損益計算書が中心

　決算書にはいくつかの種類がありますが、その中で特に重要なものとして、「貸借（たいしゃく）対照表」と「損益計算書」があります。

　貸借対照表は、会社のある時点での「財政状況」を表すものです。会社がどのような資産を持っているのか、またその資産を得るためのお金はどこから調達したのか、ということを表にしてまとめたものです（図2.1）。また、貸借対照表は英語で「Balance Sheet」というので、略してB/Sと呼ぶこともよくあります。

　一方の損益計算書は、会社の一定期間の「経営成績」を表すものです。売上がどのぐらいあって、それを得るためにどの程度の経費を使ったのか、そして利益はどのぐらい出たのか、ということを表にしてまとめたものです（図2.2）。損益計算書は英語で「Profit and Loss Statement」というので、略してP/Lとも呼びます。

2.1 決算書って何？

▼図2.1　貸借対照表の一般形

資産の部
- ●流動資産
  - 現金
  - 預金
  - 売掛金
  - 受取手形
  - etc.
- ●固定資産
  - 土地
  - 建物
  - 機械
  - etc.

負債の部
- ●流動負債
  - 買掛金
  - 支払手形
  - etc.
- ●固定負債
  - 長期借入金
  - etc.

資本の部
- 資本金
- etc.

▼図2.2　損益計算書の一般形

経常損益の部
- ●営業損益の部
  - 売上高
  - 売上原価
  - 販売費・一般管理費
    - 営業利益
- ●営業外損益の部
  - 営業外収益
    - 受取利息・配当金
    - その他の営業外収益
  - 営業外費用
    - 支払利息
    - その他の営業外費用
    - 経常利益

特別損益の部
- 特別利益
- 特別損失
  - 税引前当期純利益
  - 法人税等充当額
  - 当期純利益

- 前期繰越利益
- ○○準備金取崩額
- 中間配当額
- 利益準備金積立額
  - 当期末処分利益

Level 2　会社で目にする数字・基礎編

COLUMN　決算書はポイントを押さえればOK

決算書にはいろいろな項目があって難しそうですが、そのすべてを理解できなくても、ポイントを押さえれば十分です。あまり堅苦しく考えずに、大まかに意味を読み取れるようになってください。

▌キャッシュフロー計算書も重視されつつある

　ここ数年、貸借対照表と損益計算書に加えて、キャッシュフロー計算書も重視されるようになっています。英語で「Cash Flow Statement」というので、略してC/Fともいいます。

　キャッシュフローを直訳すれば「お金の流れ」ですから、キャッシュフロー計算書は、会社に出入りするお金の流れをわかりやすくしたものです。

　会社どうしで物を売買する場合、物を売ってもすぐに現金が入ることはまれで、小切手や手形で支払い、現金が入るのは後になるのが一般的です。「物は売ったのに現金はまだ入っていない」という状態が起こるわけです。

▼図2.3　キャッシュフロー計算書の例

```
●営業活動によるキャッシュフロー
　　税金等調整前当期純利益
　　減価償却費
　　貸倒引当金の増減額
　　　　：
　　小計
　　利息および配当金の受取額
　　利息の支払額
　　法人税等の支払額
　　営業活動によるキャッシュフロー

●投資活動によるキャッシュフロー
　　有価証券の取得による支出
　　有価証券の売却による収入
　　有形固定資産の取得による支出
　　有形固定資産の売却による収入
　　　　：
　　投資活動によるキャッシュフロー

●財務活動によるキャッシュフロー
　　短期借入による収入
　　短期借入金の返済による支出
　　長期借入による収入
　　長期借入金の返済による支出
　　　　：
　　財務活動によるキャッシュフロー
```

そのため、損益計算書の上では利益が出ているにもかかわらず、資金繰りがつかなくなってしまう、ということも起こり得ます。

キャッシュフロー計算書では、お金が出入りした時点でその動きを計上していきます。そのため、会社の資金の流れがより明確になるというメリットがあり、最近では重視されるようになってきたわけです。

単独決算と連結決算

決算書には、「単独決算」と「連結決算」があります。この違いも重要ですので、押さえておきましょう。

単独決算とは、その会社1社だけで見た決算です。例えば、トヨタ自動車なら、トヨタ自動車1社だけでの決算を表します。

一方の連結決算とは、その会社だけでなく、子会社や関連会社なども含んだ決算のことをいいます。連結決算に含まれるのは、主力会社が議決権の過半数を持っている子会社や、親／子／孫会社を合わせて議決権の過半数を持っている場合などです。

単独決算の場合、子会社などに在庫品を押し付けて、その分の利益を計上するといったことができてしまいます。しかし、連結決算ではそのようなことができなくなりますので、決算書の透明性が上がると考えられます（図2.4）。

したがって、決算書を見る際には、単独決算だけでなく、連結決算のものも見ることが重要です。

▼図2.4　連結決算では子会社を悪用することが難しくなる

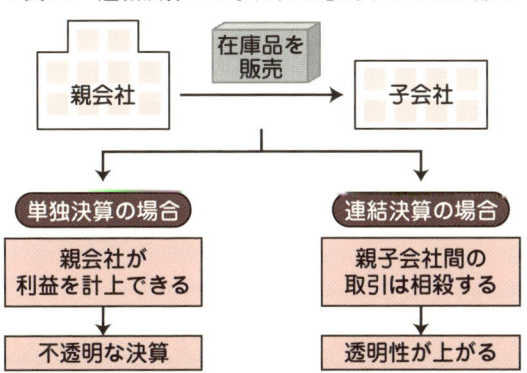

親会社 →（在庫品を販売）→ 子会社

単独決算の場合
親会社が利益を計上できる
→ 不透明な決算

連結決算の場合
親子会社間の取引は相殺する
→ 透明性が上がる

決算書の入手方法

　決算書を見てみようと思ったら、まずそれを手に入れることが必要です。では、どこから手に入れればいいのでしょうか？

　決算書は、会社であれば作ることが必要です。さらに、株式会社であれば、会社の規模の大小に関係なく、決算書を公告する義務があります。これは商法に定められています。

　証券取引所に上場しているような株式会社であれば、たいていはインターネットのホームページで決算書を公開しています（画面2.1）。現在では、「IR」（Investors Relations、投資家向け広報活動）が重視されるようになっていますが、その関係もあって、ホームページでの情報公開が一般化しています。

　また、インターネットなどに決算書が公開されていない会社であっても、例えばその会社に行って、決算書を見せて欲しいと請求することができるのです。

▼画面2.1　インターネットで決算書が公開されている（トヨタ自動車の例）

2.2 貸借対照表と損益計算書の中身

決算書を作る手順もある程度は知っておきたい

　本章では決算書の見方を解説していきますが、その前の段階として、「貸借対照表と損益計算書がどのような手順で作られるのか」ということを大まかに見ておきましょう。

　貸借対照表や損益計算書を作るためには、日々の帳簿付け（簿記）が重要な役割をします。本書は簿記の本ではありませんので、細かい話には立ち入りません。ただ、簿記の基本的な考え方を知っていれば、何かと役に立つことも多いものです。

　ここでは、貸借対照表と損益計算書の中身を大まかに見ていきます。

貸借対照表と資産／負債／資本の関係

　貸借対照表は、「資産」「負債」「資本」の3つを集計して記載したものになっています。まず、これら3つの意味と、その関係から見ていきましょう。

■ 資産とは？

　資産とは、大まかにいえば「現金そのものや、現金に換えられるもの」と考えることができます（図2.5：次ページ）。

　現金に換えられるものは、いろいろあります。例えば、銀行の預金は現金そのものではありませんが、銀行から引き出してくれば現金になります。つまり、預金は資産の一種ということになります。また、会社の持っている土地や建物や備品は、売却すればお金に換えることができます。こういったものも資産の一種です。

　さらに、他の会社などにお金を貸しているとしましょう。それはいずれ返済されて現金になりますので、これも資産の一種と考えることができます。

　また、会社どうしの取引では、商品を販売して、お金は後で回収することも多いものです。このような販売の仕方を掛売りといい、後で回収するお金

のことを**売掛金**と呼びます。売掛金も、商品を販売した時点では現金にはなりませんが、後で回収すれば現金になりますので、資産の一種です。

現金／預金や、土地／建物／備品などは、総称して**財貨**と呼びます。一方、他の人に貸しているお金は**債権**と呼びます。

▼図2.5　資産の種類

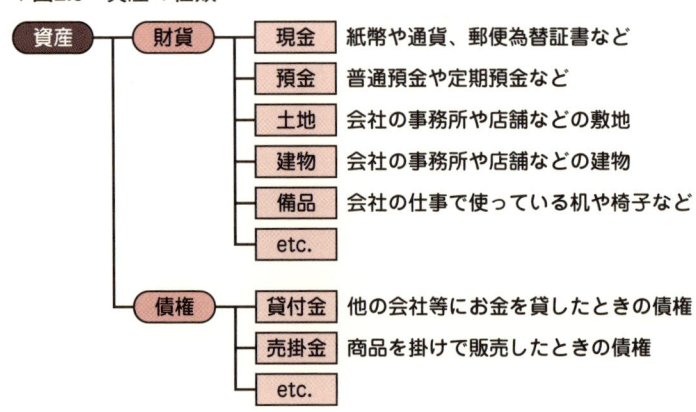

```
資産 ─┬─ 財貨 ─┬─ 現金   紙幣や通貨、郵便為替証書など
      │        ├─ 預金   普通預金や定期預金など
      │        ├─ 土地   会社の事務所や店舗などの敷地
      │        ├─ 建物   会社の事務所や店舗などの建物
      │        ├─ 備品   会社の仕事で使っている机や椅子など
      │        └─ etc.
      └─ 債権 ─┬─ 貸付金 他の会社等にお金を貸したときの債権
               ├─ 売掛金 商品を掛けで販売したときの債権
               └─ etc.
```

▼図2.6　掛売りと売掛金

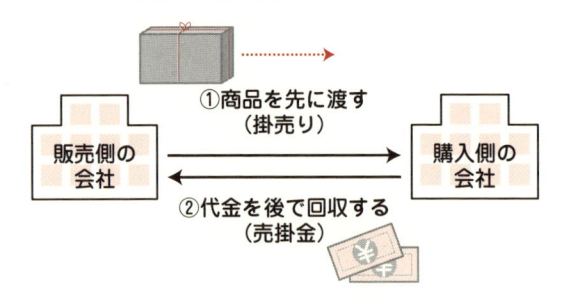

販売側の会社　→①商品を先に渡す（掛売り）→　購入側の会社
販売側の会社　←②代金を後で回収する（売掛金）←　購入側の会社

■ **負債とは？**

負債とは、将来に他の人に返さなければならない債務のことを表します。例えば、他の会社からお金を借りている場合、そのお金はいずれ返済しなければならないので、負債にあたります。

また、会社間の取引では、商品を先に仕入れてお金を後払いすることが多いものです。このような仕入の方法を**掛買い**や**掛仕入**といいます。また、後

で支払うお金を**買掛金**と呼びます。買掛金も、一時的にお金を借りているのと実質的には同じ状態ですので、負債の一種になります。

▼図2.7　掛買いと買掛金

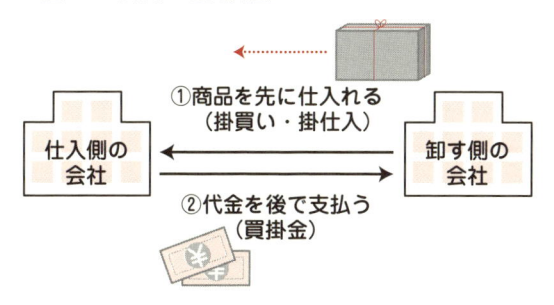

①商品を先に仕入れる
（掛買い・掛仕入）

仕入側の会社　←　卸す側の会社

②代金を後で支払う
（買掛金）

■ 資本とは？

資本とは、会社の株主などから出資されたお金や、これまでの利益から積み立てられたお金などから構成されます。

資産／資本／負債の間には、以下の関係式が成り立ちます。

> 資産＝負債＋資本

この式こそ、貸借対照表の基本的な原則を表します。この式に沿って、表の左半分に資産、右半分に負債と資本の内訳を表すと、貸借対照表になります。

▼図2.8　貸借対照表は「資産＝負債＋資本」の関係を表で表したもの

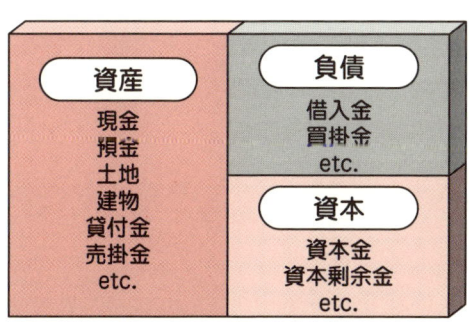

資産
現金
預金
土地
建物
貸付金
売掛金
etc.

負債
借入金
買掛金
etc.

資本
資本金
資本剰余金
etc.

なお、この式は以下のように書き換えることもできます。

> 資本＝資産－負債

つまり、資本とは、資産から負債を引いた、その会社の「正味の財産」を表すことになります。

損益計算書と収益／費用／利益の関係

今度は、損益計算書の中身を見てみましょう。損益計算書は、「収益」「費用」「利益」の関係を表したものになっています。

■収益とは？

収益は、平たくいえば会社の「儲け」を表します。

収益の大部分を占めるのは、売上です。会社の主な事業は、商品やサービスを売って売上を稼ぐことです。したがって、売上が大きな収益源になるわけです。

そのほかに、他の会社などにお金を貸して得られる利子や、土地を貸して得られる地代、建物を貸して得られる家賃なども、収益にあたります。

■費用とは？

費用は、収益を得るためにかかったお金と考えればいいでしょう。

例えば、商品を売るには、小売業ならその商品を仕入れることが必要ですし、製造業なら原材料を仕入れて製品を作ることが必要です。したがって、仕入は費用の中心的存在になります。

また、従業員に払う給料や、広告宣伝に使う費用、取引先を接待するための接待費、また光熱費や通信費など、さまざまな費用があります。

■利益とは？

1年を通して事業を続けると、収益を得られる一方で、費用も積み上がります。

収益が費用より多い場合、その差額が利益になります。つまり、以下の関係が成り立ちます。

2.2 貸借対照表と損益計算書の中身

> 収益－費用＝利益

一方、収益が費用より少ない場合は、費用から収益を引いた額が損失になり、以下の関係が成り立ちます。

> 費用－収益＝損失

これらの式を変形すると、それぞれ以下のようになります。

> 費用＋利益＝収益
> 費用＝収益＋損失

　この式のように、費用と利益を表の左半分に書き、収益と損失を表の右半分に書くと、損益計算書が出来上がります（図2.9）。この形の損益計算書は**勘定式**と呼びます。

　ただ、実際によく目にする損益計算書は、この形ではなく、営業利益や経常利益といった項目が縦に並んだ形になっています（61ページの図2.2）。この形の損益計算書は**報告式**と呼びます。勘定式の損益計算書をもとに、書く順序やまとめ方を変えれば、報告式になります。

▼図2.9　損益計算書は「費用＝収益＋損失」の関係を表したもの

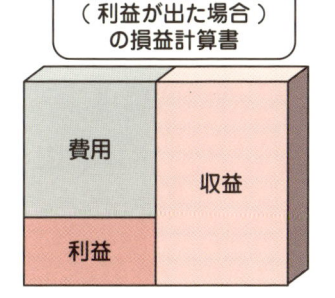

収益＞費用の場合 （利益が出た場合） の損益計算書	収益＜費用の場合 （損失が出た場合） の損益計算書
費用／利益 ｜ 収益	費用 ｜ 収益／損失

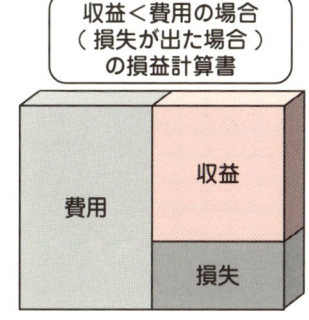

2.3 取引の仕訳から決算書の作成まで

日々の取引を記録する＝簿記

　決算書を作るには、日々の資産／負債／資本／費用／収益の増減をすべて記録しておいて、それを集計するという手順になります。

　資産／負債／資本／費用／収益が増減するような出来事のことを、**取引**と呼びます。そして、取引を帳簿に記録することを**簿記**と呼びます。

　会社では日々いろいろな取引が行われていますが、それらはすべて帳簿に記録していきます。そして、決算期間（通常は1年間）が経過したら、その期間の資産などの増減を集計して、**決算書**を作ります。

取引の二面性と貸借平均の原則

　貸借対照表と損益計算書を正しく作るためには、**複式簿記**という方法で取引を記録していきます。

　資産／負債／資本／費用／収益のそれぞれは、さらに細分化した項目に分けることができます。例えば、資産に分類されるものには、現金／預金／土地／建物／売掛金といったものがあります。こういったそれぞれの項目のことを、**勘定科目**と呼びます。

　複式簿記では、1つの取引は必ず2つ以上の勘定科目に記録します。これを**取引の二面性**と呼びます。

　また、それらを左右2つのグループに分け、左側の合計と右側の合計が必ず等しくなるようにします。左右の左側を**借方**（かりかた）、右側を**貸方**（かしかた）と呼び、それらが等しくなることから、これを**貸借平均の原則**と呼びます。

　なお、「借方」「貸方」というと、お金の貸し借りをイメージしてしまうかもしれませんが、実際には貸し借りとはあまり関係ありません。単に慣習でそう呼んでいるだけだと思っておいてください。

2.3 取引の仕訳から決算書の作成まで

▼図2.10　取引の二面性と貸借平均の原則

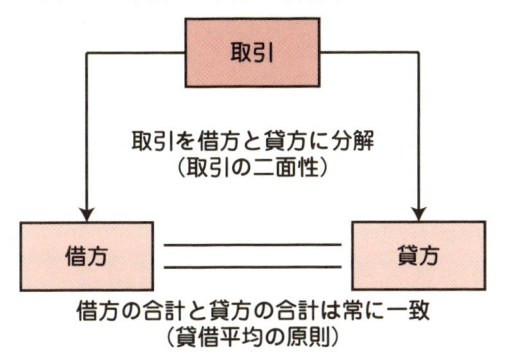

```
              取引
        ↙           ↘
   取引を借方と貸方に分解
      （取引の二面性）

   借方  ═══════  貸方

   借方の合計と貸方の合計は常に一致
       （貸借平均の原則）
```

取引の仕訳

先ほど、「1つの取引は2つ以上の勘定科目に記録する」と書きましたが、これを**仕訳**（しわけ）と呼びます。仕訳は、取引を借方と貸方に分解して記録することです。

それぞれの勘定科目は資産／負債／資本／費用／収益のいずれかに分類されますが、その増減を借方／貸方のどちらに記録するかは、図2.11のように決められています。

▼図2.11　資産／負債／資本／費用／収益の増減と借方／貸方の記録先

	借方	貸方
資産	資産の増加	資産の減少
負債	負債の減少	負債の増加
資本	資本の減少	資本の増加
費用	費用の発生	
収益		収益の発生

Level 2　会社で目にする数字・基礎編

例えば、「10万円の商品を掛けで販売した」という例を考えてみましょう。商品を販売すると売上が立ちますが、売上は収益の発生なので、貸方に記録します。一方、掛けで販売することで売掛金が増加しますが、売掛金は資産なので、借方に記録します。つまり、以下のように仕訳することになります。

（借方）売掛金　100,000円　　（貸方）売上　100,000円

なお、取引のパターンはいろいろありますが、通常よくある取引は図2.12のようなものです。

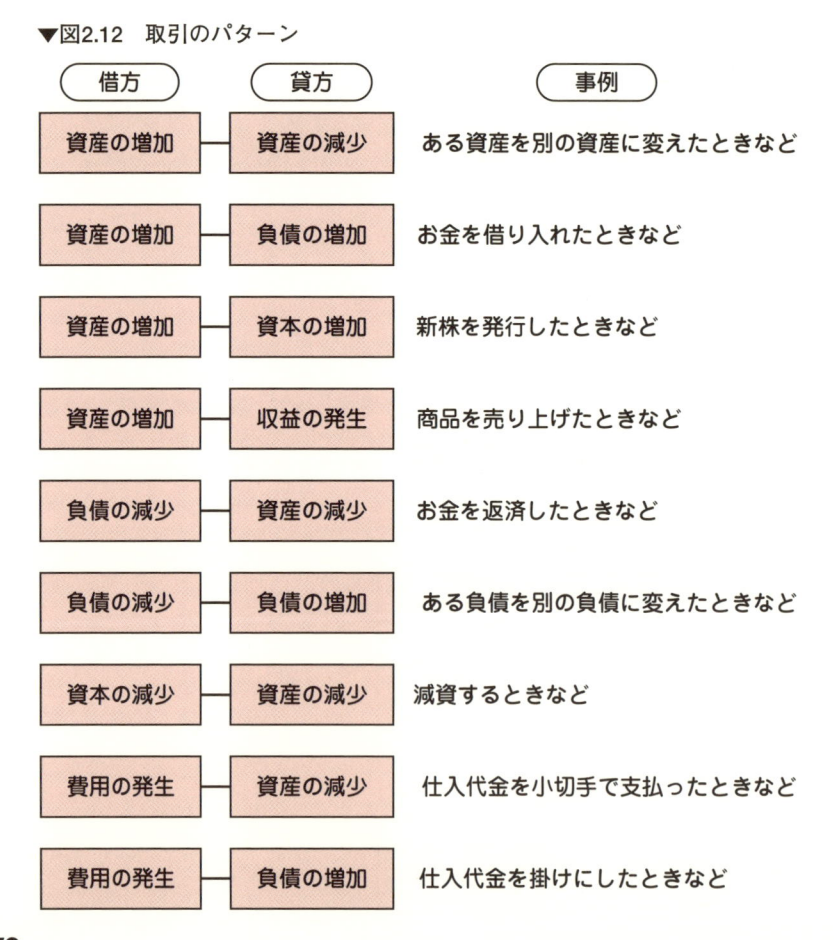

▼図2.12　取引のパターン

借方	貸方	事例
資産の増加	資産の減少	ある資産を別の資産に変えたときなど
資産の増加	負債の増加	お金を借り入れたときなど
資産の増加	資本の増加	新株を発行したときなど
資産の増加	収益の発生	商品を売り上げたときなど
負債の減少	資産の減少	お金を返済したときなど
負債の減少	負債の増加	ある負債を別の負債に変えたときなど
資本の減少	資産の減少	減資するときなど
費用の発生	資産の減少	仕入代金を小切手で支払ったときなど
費用の発生	負債の増加	仕入代金を掛けにしたときなど

2.3 取引の仕訳から決算書の作成まで

取引の集計から決算書を作成

　1年分の取引をすべて記録した後、勘定科目ごとに借方／貸方のそれぞれで金額を合計すると、その勘定科目の金額の増減を求めることができます。

　例えば、現金勘定の借方／貸方のそれぞれを合計したら、1,000万円と600万円になったとしましょう。現金は資産の一種ですので、借方は現金の増加、貸方は現金の減少を表します。したがって、1年間で現金は1,000万円増えた一方、600万円減ったことになりますので、差し引き残高の400万円が正味の増加分になります。

▼図2.13　借方と貸方との差し引き残高が正味の増加分

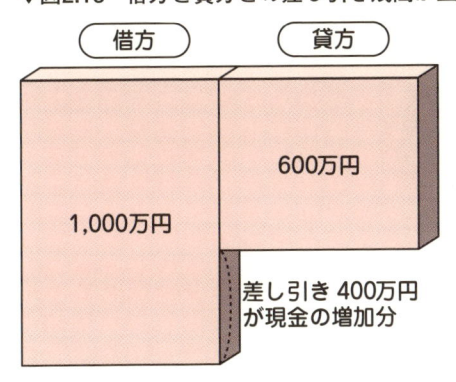

借方　　貸方

600万円

1,000万円

差し引き400万円
が現金の増加分

　同様の手順で、個々の勘定科目の残高を求めます。そして、資産と費用の勘定科目の残高を借方、負債／資本／収益の勘定科目の残高を貸方に集めると、貸借対照表と損益計算書の元になるものが出来上がります（図2.14）。

　ただ、収益や費用の中には年をまたがるものがありますので、それらを調整することも行います。そうして、最終的な貸借対照表と損益計算書が出来上がります。

Level 2　会社で目にする数字・基礎編

▼図2.14 貸借対照表と損益計算書の元になるものを作る手順

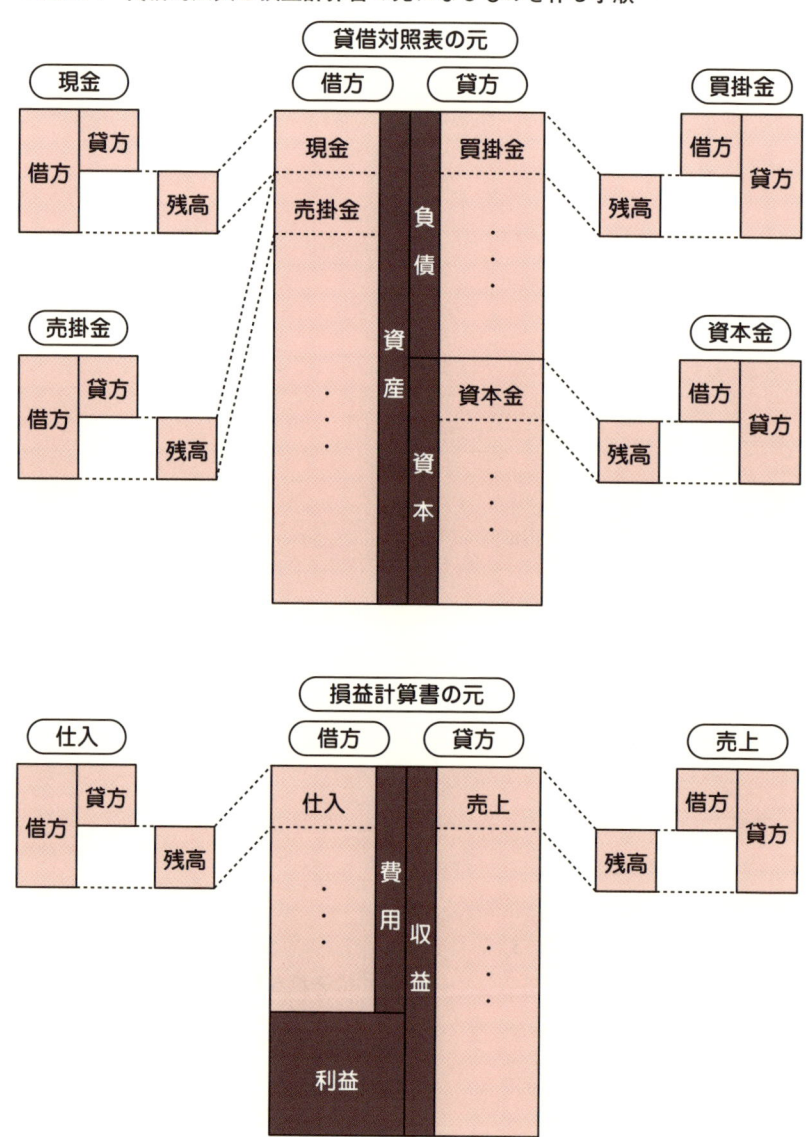

2.4 貸借対照表の大まかな見方

すべてを読みこなせなくても大丈夫

　ここからは、決算書の読み方に入っていきます。まずは貸借対照表から解説していきましょう。

　貸借対照表をはじめとして、決算書を見てみると、いろいろな項目が書かれていることがわかります。また、難しそうな専門用語もたくさんあります。それらを見ると、思わず尻込みしてしまうかもしれません。

　確かに、それぞれの項目の意味を知り尽くしていれば、決算書をより深く読みこなすことができます。しかし、そこまで深く理解していなくても、日常的に必要な情報は十分に読み取ることができます。

　一見難しそうですが、大筋を捉えるのはそれほど難しいことではありませんので、気を楽にしていきましょう。

調達源泉と運用形態を表す

　67ページでも説明したように、貸借対照表は左半分が資産、右半分が負債と資本になっています。また、「資産＝負債＋資本」という関係が成り立つこともお話ししました。では、この関係をもう一度見てみることにしましょう。

■ 貸借対照表の貸方はお金の調達源泉を表す

　会社は、いろいろな人からお金を集めて、それを設備などに投資して事業を行っています。資金の集め方はいろいろありますが、大きく分けると「他人資本」と「自己資本」の2つに分けられます。

　<u>他人資本</u>は、いずれは返済しなければならないものを表します。例えば、銀行から借りたお金は将来、返済しなければなりませんので、他人資本の一種です。

　一方の<u>自己資本</u>は、当面は返済しなくてもよいものです。例えば、株式会社を設立するにあたっては、株主を募って資金を出資してもらいます。この

出資されたお金は、会社が継続する限りは返済する必要がありません。

貸借対照表の右側（貸方）にある負債と資本は、ちょうどこの他人資本と自己資本に対応しています。このように、貸借対照表の右側（貸方）は、資金をどのように調達してきたか（調達源泉）を表すことになります。

■ **貸借対照表の借方はお金の運用形態を表す**

一方の貸借対照表の左側（借方）の資産は、調達した資金をどのような形に投資しているかということを表しています。つまり、貸借対象の左側（借方）は、資産の「運用形態」を表しているわけです。

＊

このように、貸借対照表は、お金をどう集めて、それをどう運用しているかを表すものだといえます（図2.15）。また、貸方は調達元で、借方はその運用先なので、両者の額は一致することになります。

▼図2.15 貸借対照表は資金の調達源泉と運用形態を表す

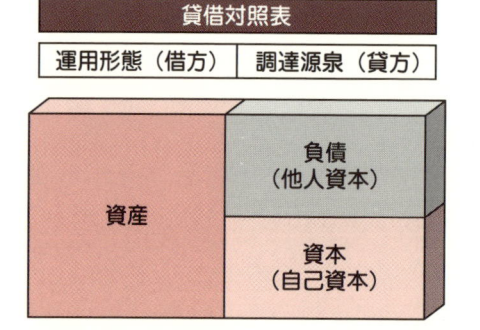

（借方と貸方の額は同じになるんだね）

資産を3つのブロックに分解する

前述したように、貸借対照表にはいろいろな用語が出てきて難しそうに見えますが、いくつかのブロックに分解して大まかに見ていくとわかりやすくなります。

2.4 貸借対照表の大まかな見方

まず、資産を3つのブロックに分けます。66ページで、「資産は財貨と債権に分類できる」というような話をしましたが、一般的な貸借対照表ではそのような分類ではなく、「流動資産」「固定資産」「繰延資産」に分類して表記します（図2.16）。これは、商法に規定されている原則です。

この分類は、「現金化しやすい（流動性が高い）かどうか」という点から資産を分ける方法です。流動資産は流動性が高く、固定資産は流動性が低いものです。

一般の会社の貸借対照表は、流動性の高い資産から順に並べて書かれています。つまり、最初に流動資産がきて、その後に固定資産が来るという形です。

▼図2.16 資産は流動資産／固定資産／繰延資産に分類される

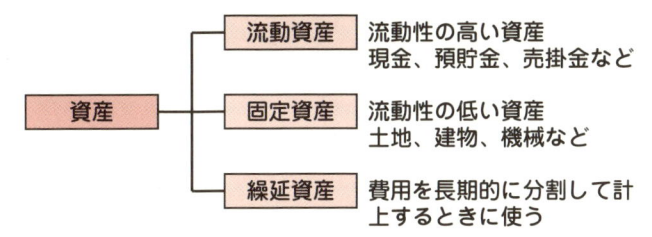

```
         ┌── 流動資産 ── 流動性の高い資産
         │              現金、預貯金、売掛金など
資産 ────┼── 固定資産 ── 流動性の低い資産
         │              土地、建物、機械など
         └── 繰延資産 ── 費用を長期的に分割して計
                        上するときに使う
```

■流動資産

流動資産とは、平たくいえば「短期間で現金に換えることができる資産」のことです。1年以内に現金に換金することができる資産や、営業の過程にある資産などを指します。具体的には、現金や預金、売掛金、売買を目的とした有価証券（株式など）です。

また、流動資産はさらに「当座資産」「棚卸資産」「その他の流動資産」に分類されます（表2.1）。

▼表2.1 流動資産の分類

分類	内容
当座資産	現金、預金、売掛金、受取手形など
棚卸資産	商品、原材料、生産途中の製品（仕掛品）など
その他の流動資産	貸付金、未収金など

■ 固定資産

固定資産は、長期に渡って使用する予定の資産です。具体的には、土地／建物／設備／備品などが該当します。固定資産は、さらに「有形固定資産」「無形固定資産」「投資その他資産」に分類されます（表2.2）。

▼表2.2　固定資産の分類

分類	内容
有形固定資産	形があり、生産や営業のために使う資産 土地、建物、機械など
無形固定資産	形がない資産 特許権、商標権など
投資その他の資産	他企業との関係を保つために保有する資産 関係会社の株式や長期貸付金など

■ 繰延資産

最後の繰延資産は会社が支出する費用の中で、長期的にその効果が及ぶものを指します。例えば、会社を作る際の創業費や、新製品の開発にかかる開発費などが繰延資産になります。

ただ、そのような費用は繰延資産として計上せずに、一括して費用化することもよくあります。そのため、貸借対照表に繰延資産が出てくることは、あまり多くありません。

負債を2つのブロックに分類する

資産を流動性で分類するのと同様に、負債も流動性が高いかどうかで「流動負債」と「固定負債」に分類します。

流動負債は、1年以内に返済しなければならない負債や、営業の過程にある負債のことです。一方の固定負債は、1年を超えて返済を続ける負債です（表2.3）。

2.4 貸借対照表の大まかな見方

▼表2.3 負債の分類

分類	内容
流動負債	買掛金、支払手形、短期借入金など
固定負債	長期借入金、社債など

貸借対照表をブロックに分類する

ここまでで解説したように、資産は流動資産／固定資産／繰延資産に分類され、負債は流動負債／固定負債に分類されます。これに沿って貸借対照表も分類すると、図2.17のようになります。

貸借対照表を見る際には、それぞれのブロックの合計額を見て、その会社の状況を大まかにつかむようにします。その後、より細かく調べたければ、個々の勘定科目を見ていくという方法をとります。

▼図2.17 貸借対照表をブロックに分類する

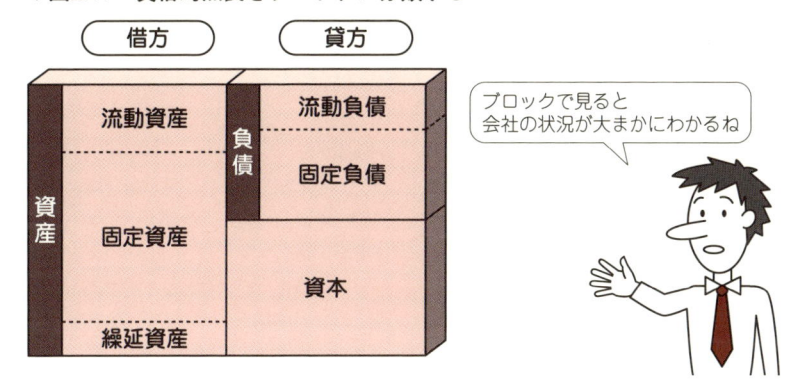

ブロックで見ると会社の状況が大まかにわかるね

貸借対照表の事例

それでは、実際の貸借対照表を見てみましょう。例として、トヨタ自動車の貸借対照表を見てみます（図2.18：次ページ）。多数の項目が並んでいてわかりにくいと思いますので、重要な数値は色を敷いて記号を付けておきました。

▼図2.18 貸借対照表の例（トヨタ自動車、2005年3月期、単独100万円未満切捨て）

借方		貸方	
●資産の部	（百万円）	●負債の部	（百万円）
A→ 流動資産	3,453,441	流動負債	2,180,374 ←C
現金及び預金	60,275	支払手形	1,375
売掛金	1,088,735	買掛金	909,108
有価証券	870,735	1年内償還の社債	600
商品・製品	116,864	未払金	401,464
原材料	14,747	未払法人税等	144,730
仕掛品	82,069	未払費用	443,165
貯蔵品	8,091	預り金	250,648
短期貸付金	511,757	愛・地球博出展引当金	67
繰延税金資産	248,110	その他	29,214
その他	459,153	固定負債	832,806 ←D
貸倒引当金	▲7,100	社債	500,000
		退職給付引当金	289,694
B→ 固定資産	5,617,550	その他	43,111
あ→ 有形固定資産	1,258,835	負債計	3,013,181 ←2
建物	371,515	●資本の部	
構築物	41,537	資本金	397,049
機械装置	314,168	資本剰余金	416,970
車両運搬具	16,109	資本準備金	416,970
工具器具備品	83,012	利益剰余金	6,094,528
土地	388,658	利益準備金	99,454
建設仮勘定	43,834	海外投資等損失準備金	252
		特別償却準備金	2,457
い→ 投資その他の資産	4,358,714	固定資産圧縮積立金	6,475
投資有価証券	1,817,556	別途積立金	5,040,926
関係会社株式・出資金	1,931,634	当期未処分利益	944,962
長期貸付金	362,951	その他有価証券評価差額金	279,780
繰延税金資産	129,571	自己株式	▲1,130,519
その他	140,600	資本計	6,057,810 ←3
貸倒引当金	▲23,600		
1→ 合計	9,070,991	合計	9,070,991 ←4

Point 資産の合計と負債＋資本の合計は同じになる

2.4 貸借対照表の大まかな見方

■資産／負債／資本の合計額

まず、もっとも重要なのは資産／負債／資本のそれぞれの合計額です。資産の合計額は、借方の各勘定科目の金額をすべて合計すると求められます。この貸借対照表では、借方の一番下の **1** が資産の合計額です。

一方、負債と資本の合計額は、貸方の「負債の部」「資本の部」の各勘定科目を合計して求めます。この貸借対照表では、**2** が負債の合計で、**3** が資本の合計です。

また、**4** は負債と資本の合計額です。67ページで解説したように「資産＝負債＋資本」という関係がありますので、資産の合計（**1**）と、負債および資本の合計（**4**）の数字は同じになります。

■資産を分類する

次に、資産を流動資産／固定資産／繰延資産に分類して、それぞれの合計額を見てみましょう。

この貸借対照表では、流動資産の合計額は **A** にあります。この欄の下の「流動資産」の括弧で括った部分が、流動資産に分類される勘定科目になります。これらの合計が **A** の数値になるわけです（ただし、この貸借対照表では小数点以下の誤差があるため、完全には一致していません）。

一方、固定資産の合計額は **B** にあります。また、固定資産は有形固定資産と投資その他の資産に分類されていて、それぞれの合計は **あ** と **い** にあります。

あ の数字は、「有形固定資産」の括弧で括った部分の合計です。また、**い** の数字は、「投資その他の資産」の括弧で括った部分の合計です。

■負債を分類する

また、負債も流動負債と固定負債に分類して、それぞれの合計額を見てみましょう。

流動負債の合計額は、**C** にあります。これは、「流動負債」の括弧で括った部分の合計です。また、固定負債の合計額は、**D** にあります。これは、「固定負債」の括弧で括った部分の合計です。

2.5 損益計算書の大まかな見方

損益計算書から業績がわかる

貸借対照表は、会社の持っている財産（資産）や、現在抱えている負債の額を表にしたもので、現在の会社の財政的な状態を表しています。

一方の損益計算書は、売上や利益といった情報が書かれています。これらは、会社の業績を表す情報です。基本的には、売上が多く、また利益も多ければ、業績が良いということになります。

売上と5つの利益に注目

損益計算書では売上と利益が重要な情報ですが、利益は1種類ではありません。損益計算書を上から順に見ていくと、以下の「利益」が並んでいます。

- 売上総利益
- 営業利益
- 経常利益
- 税引前当期純利益
- 当期純利益

単純に考えると、売上から経費を引けば利益が出そうな感じがします。しかし、それだけでは会社の業績を正しく判断できません。売上からスタートして、いくつかの引き算や足し算を行って、段階を追って利益を求めていくようになっています。以下、利益の求め方を順に解説していきましょう。

売上総利益

売上総利益とは、以下の式で求められる利益です（図2.19）。

売上総利益＝売上－売上原価

売上原価とは、小売業であれば仕入れた商品の原価で、製造業であれば原

材料などの原価のことです。

例えば小売業の場合、7,000円で商品を仕入れて、それを10,000円で販売したとすると、売上総利益は10,000円－7,000円＝3,000円ということになります。

なお、売上総利益は**粗利益**（あらりえき）とも呼びます。一般の人には、こちらの方が馴染みがあるかもしれません。

▼図2.19　売上と売上総利益の関係

```
売上原価
売上総利益
（粗利益）    売上
```

営業利益

売上総利益は、売上から単純に原価を引いただけです。しかし、商品やサービスを売っていくには、ほかにもいろいろな費用がかかります。

まず、従業員に給料を払うことが必要です。また、広告や宣伝をして、商品やサービスを世に広めることも必要です。その他、運送費、接待費、福利厚生費など、さまざまな費用があります。

これらの費用を総称して、「**販売費および一般管理費**」と呼びます。販売費は、商品を販売するためにかかる費用です。一方の一般管理費は、会社全体を管理するためにかかる費用です。費用によって、販売費に属するもの、一般管理費に属するもの、また両方の性質を持つものがあります（図2.20）。

▼図2.20　販売費と一般管理費

広告宣伝費 交際費 荷造運賃 etc.	人件費 旅費交通費 通信費 etc.	水道光熱費 福利厚生費 租税公課 etc.
販売費	両方の性質が ある費用	一般管理費

販売費および一般管理費を考慮に入れると、営業利益という利益が出てきます。営業利益は以下の式で計算されます。

> 営業利益＝売上総利益－販売費および一般管理費

また、この式に82ページの売上総利益の計算式を代入すると、以下のようになります（図2.21）。

> 営業利益＝売上－売上原価－販売費および一般管理費

営業利益は、会社の営業活動の成果を表す利益ですので、重要な数値です。もし、営業利益がマイナスになっているようだと、営業がうまくいっていないことになりますので、要注意だといえます。

▼図2.21　売上／売上原価／販売費および一般管理費の関係

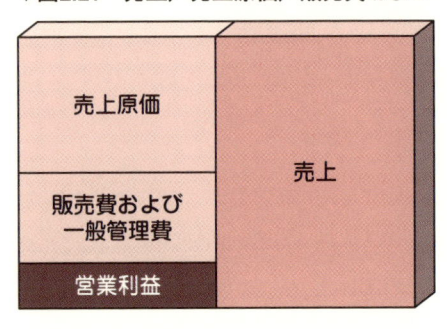

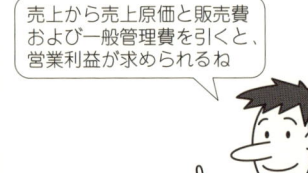

売上から売上原価と販売費および一般管理費を引くと、営業利益が求められるね

経常利益

会社の事業の中心は商品やサービスの販売ですが、それ以外にも収益や費用が出ることを行っています。

例えば、会社を経営する上で借金をすることはよくありますが、借金をすれば利息を支払うことが必要です。その利息は、営業活動とは直接には関係しない費用です。

また、他会社の株式を保有していると、その配当金を受け取ることができます。配当金は収益の一種ですが、営業活動とは直接には関係しません。

2.5 損益計算書の大まかな見方

このような、営業活動外の「営業外収益」や「営業外費用」を考慮することで、会社の全体的な利益が出てきます。これが<u>経常利益</u>です。経常利益は、会社の全体的な利益を表しますので、営業利益と並んで重要視されます。

経常利益の求め方を式で書くと、以下のようになります。

> 経常利益＝営業利益＋営業外収益－営業外費用

また、売上から順に経常利益を求めていくと、下図のような手順になります。

▼図2.22　売上から順に経常利益を求める手順

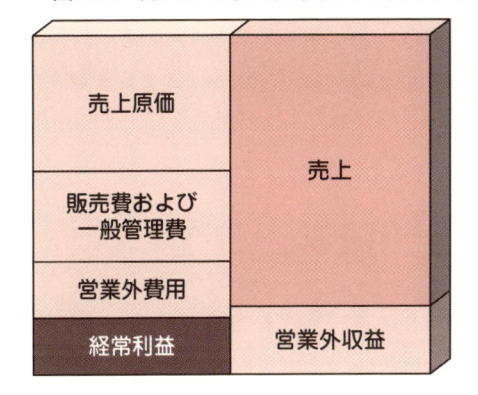

（経常利益という言葉はよく聞くね）

COLUMN 「経常利益」は「けいつねりえき」？

「経常利益」は「けいじょうりえき」と読みますが、「けいつねりえき」と読む人も結構多くいます。

「けいじょう」と読むと、「経常」ではなく「計上」と間違うこともあり得ます。そのため、「計上」と区別するために、「経常」を「けいつね」と読む習慣ができたそうです。

「化学」を「科学」と区別するために「ばけがく」と読むことがありますが、それと同じような考え方です。

税引前当期純利益

ここまで、いろいろな収益や費用をもとに利益を求めてきましたが、それらの収益や費用は毎年経常的に発生するものです。しかし、ある年だけ発生する収益や費用もあります。そういったものは、経常的なものと分けておかないと、決算書を正しく判断することができません。

例えば、ここ数年はバブル期の負の遺産を清算するために、土地などを手放す会社が多いようですが、その際には一時的に大きな利益や損失が出ることがあります。また、再生を目指して銀行に債務免除をしてもらう会社もありますが、債務免除も一時的な大きな利益の一種です。

このような利益や損失をそのまま経常利益に入れてしまうと、前年までに比べて利益の額が急に大きく変わってしまいます。そのような利益を見ても、その会社の状況を正しく判断することはできないでしょう。

そこで、一時的な利益や損失は、「特別利益」「特別損失」として経常的な利益と分けて考えるようにします。こうして、以下の式で求められる利益が**税引前当期純利益**です。

> 税引前当期純利益＝経常利益＋特別利益－特別損失

また、売上から順に税引前当期純利益を求めていくと、右ページの図2.23のようになります。

企業によっては、決算書を良く見せるために、含み益（※）のある土地などを売って特別利益を計上し、利益をかさ上げしている場合があります。その場合、経常利益と税引き前当期純利益に大きな差が出ることになります。特別利益が出ている場合は、それがどういった理由で出ているのかという点をチェックすべきです。

【含み益（含み損）】
帳簿の上の値段と時価との差のことです。時価の方が高い場合は、それを仮に売るとすると、帳簿上の値段との差額が利益になります。これが「含み益」です。逆に、時価が帳簿上の価格より低い場合は「含み損」になります。

▼図2.23　売上から順に税引前当期純利益を求める手順

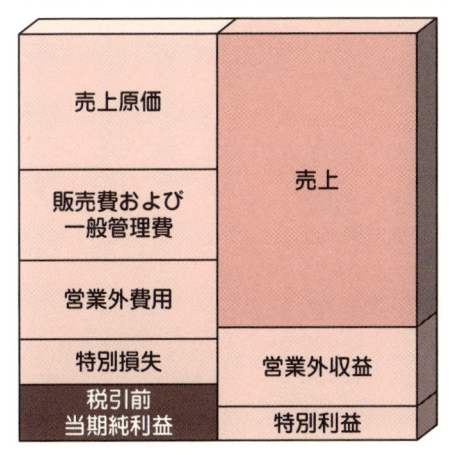

当期純利益と利益の処分

　個人が所得税や住民税といった税金を取られるのと同様に、会社も法人税や法人住民税といった税金を取られます。それらの税金を引いた最終的な利益のことを、当期純利益と呼びます。

$$当期純利益＝税引前当期純利益－法人税等$$

　当期純利益の一部は、株主への配当や、役員賞与などに回ります。そして、それ以外の残りの部分は会社に積み立てられ、来期以降に持ち越されます。

いろいろな利益があるんだなぁ

損益計算書の事例

損益計算書の事例として、トヨタ自動車の2005年3月期（単独決算）の損益計算書を見てみましょう。

▼図2.24　トヨタ自動車の損益計算書
　　　　　（2005年3月期、単独、単位100万円、100万円未満切捨て）

A→	売上高	9,218,386
あ {	売上原価	7,506,044
	販売費および一般管理費	1,010,951
B→	営業利益	701,390
い→	営業外収益	273,440
	受取利息	15,765
	受取配当金	152,083
	その他の営業外収益	105,591
う→	営業外費用	118,598
	支払利息	10,729
	その他の営業外費用	107,869
C→	経常利益	856,231
え→	特別利益	0
お→	特別損失	24,996
D→	税引前当期純利益	831,235
か {	法人税、住民税、事業税	281,700
	法人税等調整額	20,205
E→	当期純利益	529,329

■営業利益の計算

まず、営業利益から計算してみましょう。83～84ページで解説したように、計算は以下のように行います。

> 営業利益＝売上高－売上原価－販売費および一般管理費

図2.24の損益計算書を見ると、売上高は A の9,218,386百万円で、売上原価と販売費および一般管理費は、あ の部分の7,506,044百万円と1,010,951百万円です。これらから営業利益を計算すると、以下のようになります。

2.5 損益計算書の大まかな見方

A	売上高	9,218,386百万円
－	あ	売上原価	7,506,044百万円
－	販売費および一般管理費	1,010,951百万円
営業利益	701,391百万円

　図2.24の損益計算書では、営業利益はBにあり、701,390百万円となっていて、上の計算のとおりになっていることがわかります（ただし、100万円未満の端数が切り捨ててられている関係で、最後の桁が1だけ違っています）。

■ 経常利益の計算

　次に、経常利益を計算しましょう。経常利益は、以下の式で求めることができました。

経常利益＝営業利益＋営業外収益－営業外費用

　図2.24の損益計算書を見ると、営業利益／営業外収益／営業外費用は、それぞれBの701,390百万円／いの273,440百万円／うの118,598百万円です。これらから、以下のように経常利益を計算することができます。

B	営業利益	701,390百万円
＋	い	営業外収益	273,440百万円
－	う	営業外費用	118,598百万円
経常利益	856,232百万円

　一方、損益計算書で経常利益（C）を見ると、856,231百万円となっていて、正しいことがわかります（ただし、端数処理の関係で最後の桁が1だけ違っています）。

■ 税引前当期純利益の計算

　次に、税引前当期純利益を計算しましょう。これは以下の手順になります。

> 税引前当期純利益＝経常利益＋特別利益－特別損失

　図2.24の損益計算書では、経常利益／特別利益／特別損失は、それぞれ C の856,231百万円／ え の0円／ お の24,996百万円です。これから、税引前当期純利益は以下のように計算できます。

　　　　C 経常利益　　　　　856,231百万円
　　＋ え 特別利益　　　　　　　　0百万円
　　－ お 特別損失　　　　　 24,996百万円
　　　　税引前当期純利益　　 831,235百万円

　この数値は、損益計算書の税引前当期純利益（ D ）の数値と一致しています。

■当期純利益の計算

　最後に、当期純利益を計算しましょう。これは以下のように求められます。

> 当期純利益＝税引前当期純利益－税金

　図2.24の損益計算書では、税引前当期純利益は、 D の831,235百万円です。また、税金は か の部分（法人税／住民税／事業税と法人税等調整額）の合計の301,905百万円です。これから、当期純利益は以下のように計算されます。

　　　　D 税引前当期純利益　 831,235百万円
　　－ か 法人税等　　　　　 301,905百万円
　　　　当期純利益　　　　　 529,330百万円

　この結果は、損益計算書の E の値と一致しています（ただし、端数処理の関係で最後の桁が1だけ違っています）。

2.6 決算書のニューフェイス ── キャッシュフロー計算書

お金の流れを重視する

　これまでは、決算書といえば貸借対照表と損益計算書が重要でした。しかし、ここ数年は「キャッシュフロー計算書」（C/F）が注目されるようになってきます。

　キャッシュフロー計算書は、いわば「お金（Cash）の流れ（Flow）がわかるようにした計算書」のことです。貸借対照表にも現金などの項目がありますが、それとは違う角度からお金の流れを見るものです。

帳簿上は利益が出ているのに倒産？

　「黒字倒産」という言葉をご存知でしょうか？　損益計算書の上では黒字が出ているのにもかかわらず、資金繰りに行き詰まって倒産することを、黒字倒産と呼んでいます。では、なぜそのようなことが起こるのでしょうか？

　例として、図2.25のような順序で取引をすることを考えてみましょう。60万円の商品を仕入れて100万円で販売するので、利益は40万円になります。

　帳簿に記入する上では、仕入を行った時点で、費用が発生したことを計上することができます。また、商品を販売した時点で、売上が発生したことを計上することができます。そのため、5月1日に商品を販売した時点で損益計算書を作ると、図2.26のようになり、帳簿上では40万円の利益が出た状態になります。

　しかし、5月1日の時点ではまだ商品代金の100万円は回収していません。一方、5月31日には仕入代金の60万円を支払わなければなりません。

　図2.25では、5月25日に60万円のお金を借りてきて、仕入代金を支払っています。しかし、もしここでお金を借りることができなかったとすると、資金繰りに詰まってしまいます。その結果、黒字倒産してしまうことが起こり得るのです。

このほかにも、不良在庫をたくさん抱えてしまったり、税金が支払えなかったりなどの理由で、黒字倒産が起こることがあります。

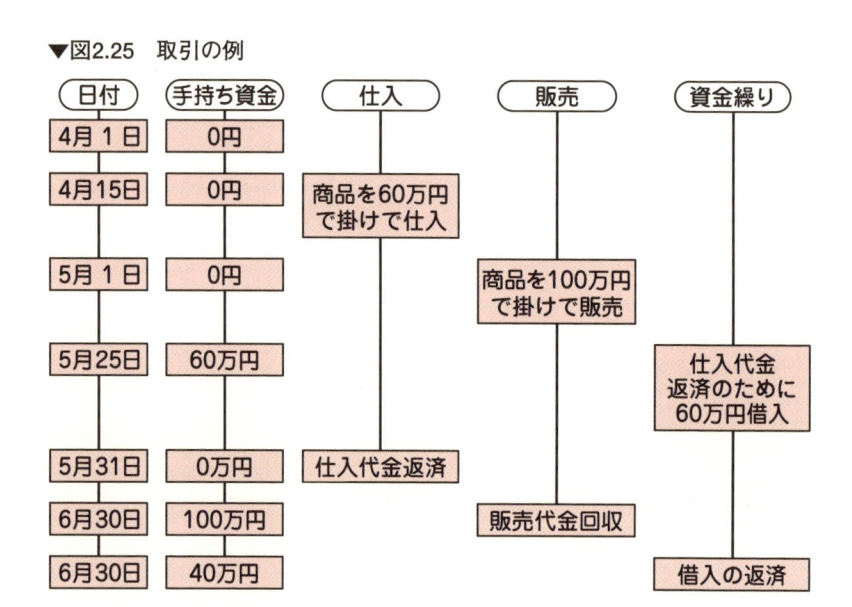

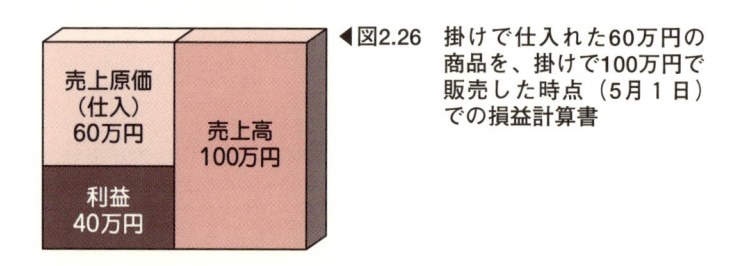

▼図2.25　取引の例

日付	手持ち資金	仕入	販売	資金繰り
4月1日	0円			
4月15日	0円	商品を60万円で掛けで仕入		
5月1日	0円		商品を100万円で掛けで販売	
5月25日	60万円			仕入代金返済のために60万円借入
5月31日	0万円	仕入代金返済		
6月30日	100万円		販売代金回収	
6月30日	40万円			借入の返済

◀図2.26　掛けで仕入れた60万円の商品を、掛けで100万円で販売した時点（5月1日）での損益計算書

売上原価（仕入）60万円
売上高 100万円
利益 40万円

お金の流れを見るためのキャッシュフロー計算書

　ここまでの話のように、帳簿上で収益や費用が計上される時期と、実際のお金が動く時期とは、一致していないことが多々あります。そのため、損益計算書だけを見ても正しい判断ができなくなることがあります。

　損益計算書では、収益や費用が発生した時点で計上します。一方、そのようにはせずに、お金の流れ（回収や支払い）があったときに計上するのが、キャッシュフロー計算書です。キャッシュフロー計算書は、お金の流れを見

2.6 決算書のニューフェイス ── キャッシュフロー計算書

ることで経営の実態により迫ることができることから、注目されるようになってきました。

▌▌キャッシュフロー計算書の作り方の概要

キャッシュフロー計算書では、お金の流れを次の3つに分けて集計します。

- 営業活動によるキャッシュフロー
- 投資活動によるキャッシュフロー
- 財務活動によるキャッシュフロー

▼図2.27　お金の流れをキャッシュフロー計算書に表す例

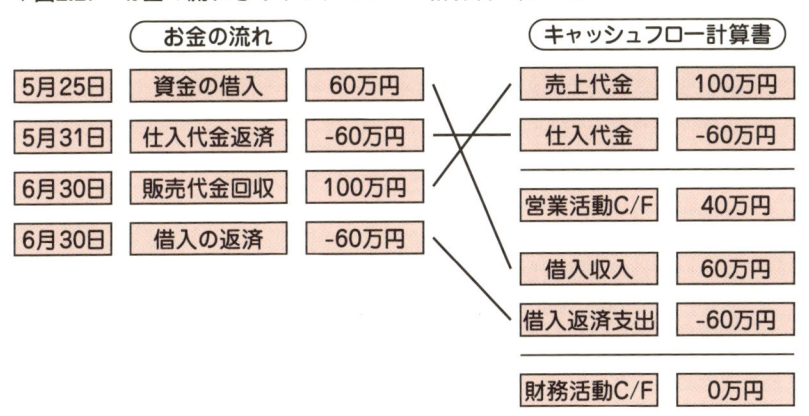

お金の流れ			キャッシュフロー計算書	
5月25日	資金の借入	60万円	売上代金	100万円
5月31日	仕入代金返済	-60万円	仕入代金	-60万円
6月30日	販売代金回収	100万円	営業活動C/F	40万円
6月30日	借入の返済	-60万円	借入収入	60万円
			借入返済支出	-60万円
			財務活動C/F	0万円

　営業活動によるキャッシュフローは、仕入や販売など、営業活動に関するお金の流れを表します。投資活動によるキャッシュフローは、設備投資や資金運用に関するお金の流れを表します。そして、財務活動によるキャッシュフローは、資金の借入れや返済に関するお金の流れを表します。

　例えば、左ページの図2.25のような取引の流れの場合、お金の流れをキャッシュフロー計算書にまとめると、図2.27のようになります。

▌▌営業／投資／財務のそれぞれの合計に注目する

　キャッシュフロー計算書にも、多くの数値が出ています（表2.4：次ページ）。その中で特に重要なのは、営業／投資／財務の各活動におけるキャッ

▼表2.4　キャッシュフロー計算書の例（トヨタ自動車の2005年3月期の連結キャッシュフロー計算書、100万円未満四捨五入）

営業活動からのキャッシュフロー	単位：100万円
当期純利益	1,171,260
営業活動から得た現金<純額>への当期純利益の調整	
減価償却費	997,713
貸倒引当金及び金融損失引当金繰入額	63,154
退職・年金費用<支払額控除後>	▲52,933
固定資産処分損	49,159
売却可能有価証券の未実現評価損<純額>	2,324
繰延税額	84,711
少数株主持分損益	64,938
持分法投資損益	▲139,471
資産及び負債の増減ほか	130,085
営業活動から得た現金<純額>	**2,370,940** ＊
投資活動からのキャッシュフロー	
金融債権の増加	▲4,296,966
金融債権の回収及び売却	3,377,510
有形固定資産の購入<賃貸資産を除く>	▲1,068,287
賃貸資産の購入	▲854,953
有形固定資産の売却<賃貸資産を除く>	69,396
賃貸資産の売却	316,456
有価証券及び投資有価証券の購入	▲1,165,791
有価証券及び投資有価証券の売却及び満期償還	573,943
関連会社への追加投資支払<当該関連会社保有現金控除後>	▲901
投資及びその他の資産の増減ほか	▲11,603
投資活動に使用した現金<純額>	**▲3,061,196** ＊
財務活動からのキャッシュフロー	
自己株式の取得	▲264,106
長期借入債務の増加	1,863,710
長期借入債務の返済	▲1,155,223
短期借入債務の増加	140,302
配当金支払額	▲165,299
財務活動から得た現金<純額>	**419,384** ＊
為替相場変動の現金及び現金同等物に対する影響額	24,849
現金及び現金同等物純（減少）増加額	▲246,023
現金及び現金同等物期首残高	1,729,776
現金及び現金同等物期末残高	1,483,753

2.6 決算書のニューフェイス ── キャッシュフロー計算書

シュフローの合計の数値と、それがプラス／マイナスのどちらになっているかということです（表2.4の例では、＊の3箇所）。

■営業活動のキャッシュフローの見方

まず、営業活動のキャッシュフローは、プラスであることが必要です。プラスということは、営業活動によってお金を得たことを表し、営業活動がうまくいっていることになります。

また、営業活動のキャッシュフローは、できるだけ大きい数値であることが望ましい状態です。これが大きいということは、営業活動で多くのお金を稼ぎ出していることを表しますので、その方が望ましいのはいうまでもありません。

これがもしマイナスだと、営業活動に失敗して、お金が出ていってしまっていることになりますので、問題があるわけです。例えば、不良在庫を安く処分したりすると、営業活動のキャッシュフローがマイナスになってしまいます。

特に、何年もマイナスが続いているようだと、その企業からはお金がどんどん流出していることになりますので、危険な状態にあると考えられます。

■投資活動のキャッシュフローの見方

投資活動によるキャッシュフローは、一般的にはマイナスになりやすいものです。ただ、企業の性質によってプラスになることもあります。

通常の企業は、より成長して大きくなるために、設備投資を行います。その結果、設備投資でお金が出ていきますので、投資活動のキャッシュフローはマイナスになりやすいわけです。

一方、バブル期に過剰な投資をした企業も多いですが、その「負の遺産」を清算するために、過剰な設備を売却することもあります。その場合、売却によってお金が入ってきますので、投資活動のキャッシュフローはプラスになることがあります。

■財務活動によるキャッシュフロー

借入などで資金を調達すると、お金が入ってくることになりますので、財務活動によるキャッシュフローはプラスになります。一方、借入を返済すれ

ばマイナスになります。

　借入は返済する必要がありますので、その分のお金が出ていくことが多く、財務活動によるキャッシュフローはマイナスになりやすいものです。特に、ここ数年は、利益が出ても新規投資をあまりせずに負債を圧縮する企業が多く、財務活動によるキャッシュフローはマイナスになりやすくなっています。

　一方、成長中の企業で資金を多く必要としている場合は、借入なども積極的に行いますので、財務活動によるキャッシュフローがプラスになることもあります。

▼表2.5　各キャッシュフローの見方

分類	内容
営業活動によるキャッシュフロー	・プラスであることが必要 ・数値が大きい方が良い
投資活動によるキャッシュフロー	・マイナスになることが一般的 ・過剰な設備を売却することでプラスになることもある
財務活動によるキャッシュフロー	・マイナスになることが多い ・負債を圧縮している企業ならマイナスになる ・成長中の企業ではプラスになることもある

主要な会社のキャッシュフローの例

　最後に、主要な会社のキャッシュフローの例を見てみましょう。右ページの表2.6は、主要な会社の営業／投資／財務の各活動の連結キャッシュフローをまとめたものです。

　営業活動によるキャッシュフローは、全社がプラスになっています。前述したように、通常この値はプラスになるべきものですが、そのとおりに全社ともにプラスです。

　また、投資活動によるキャッシュフローは、鹿島建設を除き、全社がマイナスになっています。各社とも設備投資などでお金を使ったものと思われます。

　そして、財務活動によるキャッシュフローは、プラスの会社もあれば、マイナスの会社もあるという状態になっています。

2.6 決算書のニューフェイス ── キャッシュフロー計算書

▼表2.6　主要企業の連結キャッシュフローの額（単位：億円）

	営業	投資	財務
鹿島建設（H17.3）	875	161	▲714
キリンビール（H16.12）	1,280	▲443	▲359
ヤフー（H17.3）	461	▲171	4
新日本製鐵（H17.3）	5,394	▲1,750	▲3,214
ソニー（H17.3）	6,470	▲9,312	2,052
トヨタ自動車（H17.3）	23,709	▲30,612	4,194
セブンイレブンジャパン（H17.2）	1,270	▲1,756	▲133
NTTドコモ（H17.3）	11,816	▲5,783	▲6,720
ファーストリテイリング（H16.8）	441	▲207	▲87

COLUMN　「キャッシュフロー経営」が重視される

このところ、「キャッシュフロー経営」という言葉を耳にすることが多くなりました。キャッシュフロー経営とは、キャッシュを稼ぎ出す力をより高くすることで、企業の価値を高めようとする経営手法を指します。

キャッシュを多く稼ぎ出すことができれば、将来に向けて設備投資をしたり、既存の借金を返済したりしやすくなります。つまり、キャッシュフローを重視して経営することで、企業の体質がより健全になり、成長を続けていくことができるようになります。

日本では、かつては売上やシェアを重視した経営が行われていました。経済全体が成長している間は、売上やシェアを上げれば、やがてはそれが利益につながっていました。

しかし、昨今の低成長の中では、売上やシェアが上がっても、薄利多売が原因であったりして、必ずしも利益の増加につながるとは限りません。そうなると、キャッシュはむしろ減ってしまい、その企業は不安定になります。

したがって、今後の日本ではますますキャッシュフロー経営が重視されていくことになります。

第2章　練習問題

■ 問題1

A社の資産や負債の内訳は、以下のようになっているものとします。

現預金：100万円、売掛金：1,000万円、商品：200万円、
建物：2,000万円、土地：2,200万円、備品：500万円、
買掛金：700万円、未払金：300万円、長期借入金：3,000万円

問題1-1

A社の流動資産の合計額を計算してください。

問題1-2

A社の固定資産の合計額を計算してください。

問題1-3

A社の流動負債の合計額を計算してください。

問題1-4

A社の資本金の額を計算してください（資本はすべて資本金とします）。

問題1-5

A社の貸借対照表を作ってください。

■ 問題2

B社の売上や費用などは、以下のようになっているものとします。

売上高：10億円、売上原価：6億円、販売費および一般管理費：3億円、
営業外利益：1,000万円、営業外費用：2,000万円、
特別利益：500万円、特別損失：1,500万円

問題2-1
B社の売上総利益を計算してください。

問題2-2
B社の営業利益を計算してください。

問題2-3
B社の経常利益を計算してください。

問題2-4
B社の税引前当期純利益を計算してください。

問題2-5
法人税等の税率を40％として、当期純利益を計算してください。

■問題3

C社は以下のような取引をしたものとします。
- 4月 1日　売掛金を300万円回収した
- 4月10日　銀行から500万円を借り入れた
- 4月20日　買掛金を200万円支払った
- 4月30日　300万円の機械を購入した
- 5月10日　売掛金を100万円回収した
- 5月20日　銀行からの借入れのうち、100万円を返済した

問題3-1
営業活動によるキャッシュフローを計算してください。

問題3-2
投資活動によるキャッシュフローを計算してください。

問題3-3
財務活動によるキャッシュフローを計算してください。

第2章　解　答

■ 問題1

問題1-1
A社の場合、流動資産に含まれるのは、現預金、売掛金、商品の3つです。

　　流動資産＝現預金＋売掛金＋商品
　　　　　　＝100万円＋1,000万円＋200万円＝1,300万円

問題1-2
A社の場合、固定資産に含まれるのは、建物、土地、備品の3つです。

　　固定資産＝建物＋土地＋備品
　　　　　　＝2,000万円＋2,200万円＋500万円＝4,700万円

問題1-3
A社の場合、流動負債に含まれるのは、買掛金と未払金です。

　　流動負債＝買掛金＋未払金
　　　　　　＝700万円＋300万円＝1,000万円

問題1-4
資本＝資産－負債の関係から求めます。資産は問題1-1（流動資産）と問題1-2（固定資産）の合計で、負債は問題1-3（流動負債）と固定負債（A社では長期借入金）の合計です。

　　資産＝流動資産＋固定資産
　　　　＝1,300万円＋4,700万円＝6,000万円
　　負債＝流動負債＋固定負債
　　　　＝1,000万円＋3,000万円＝4,000万円

資本＝資産－負債
　　　　＝6,000万円－4,000万円＝2,000万円

問題1-5

A社の貸借対照表は次のようになります。

▼A社の貸借対照表

●資産の部		●負債の部	
流動資産	1,300万円	流動負債	1,000万円
現預金	100万円	買掛金	700万円
売掛金	1,000万円	未払金	300万円
商品	200万円	固定負債	3,000万円
固定資産	4,700万円	長期借入金	3,000万円
建物	2,000万円	●資本の部	
土地	2,200万円	資本金	2,000万円
備品	500万円		
合計	6,000万円	合計	6,000万円

■ 問題2

問題2-1

　　売上総利益＝売上高－売上原価
　　　　　　＝10億円－6億円＝4億円

問題2-2

　　営業利益＝売上総利益－販売費および一般管理費
　　　　　　＝4億円－3億円＝1億円

問題2-3

　　経常利益＝営業利益＋営業外収益－営業外費用
　　　　　　＝1億円＋1,000万円－2,000万円＝9,000万円

問題2-4

税引前当期純利益＝経常利益＋特別利益－特別損失
　　　　　　　　＝9,000万円＋500万円－1,500万円＝8,000万円

問題2-5

法人税等＝税引前当期純利益×40％
　　　　＝8,000万円×40％＝3,200万円
当期純利益＝税引前当期純利益－法人税等
　　　　　＝8,000万円－3,200万円＝4,800万円

■ 問題3

問題3-1

　営業活動になるのは、4月1日の売掛金の回収（300万円）と、4月20日の買掛金の支払い（200万円）、そして5月10日の売掛金の回収（100万円）です。回収でお金が入り、支払いでお金が出ていきますので、営業活動によるキャッシュフローは以下のとおり200万円です。

　　営業活動によるキャッシュフロー
　　＝300万円＋100万円－200万円＝200万円

問題3-2

　投資活動になるのは、4月30日の機械の購入です（300万円）。購入によってお金が出ていきますので、投資活動によるキャッシュフローは－300万円です。

問題3-3

　財務活動になるのは、4月10日の銀行からの借入れ（500万円）と、5月20日の返済（100万円）です。
　借入れでお金が入り、返済でお金が出ていきますので、財務活動によるキャッシュフローは、以下のように400万円になります。

　　財務活動によるキャッシュフロー＝500万円－100万円＝400万円

第3章

会社で目にする数字・応用編

　第2章では、決算書に出てくる主な数値について、その基本的な見方を解説しました。ただ、個別の数値を見るだけでなく、それらの数値を組み合わせて分析すれば、会社の収益性や健全性を判断することもできます。
　そこで第3章では、決算書の数値を組み合わせて分析する方法を解説します。

3.1 数字を組み合わせると何がわかる？

個別の数値だけでは正しい判断ができないこともある

　決算書の個別の数値を見ることで、ある程度は会社の状態を判断することができます。例えば、売上や利益が多ければ、「この会社は儲かっているのだろうな」という見当がつきます。

　ただ、より突っ込んで会社を分析するなら、個別の数字だけでなく、数字を組み合わせて、よりしっかりとした判断をしたいものです。

　例えば、売上が多い会社であっても、それ以上に負債が多ければ、その負債を返済しきれるかどうかという問題が出てきます。売上だけを見ていては、判断を誤ることになるわけです。

　基本的な分析手法でよくあるパターンは、決算書から2つの数値を取り出して、それらを割り算して比率を出し、その値がどの程度になっているかで判断をする、というものです。複雑な計算をするわけではありません。

▼図3.1　決算書から2つの数値を取り出して比率を出し、それを分析することが多い

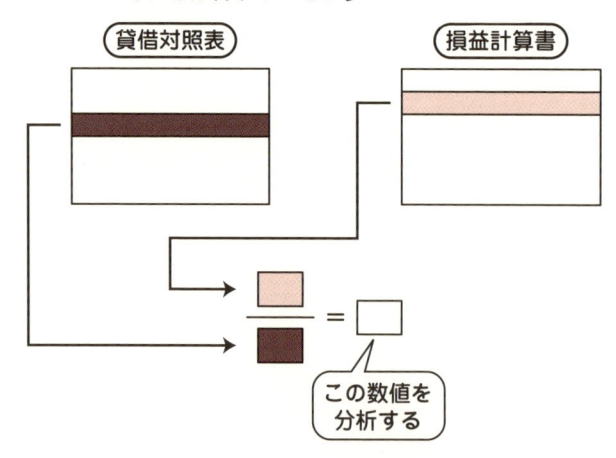

3.1 数字を組み合わせると何がわかる？

　なお、左の図では貸借対照表と損益計算書から数値を1つずつ取っていますが、貸借対照表から2つを取る場合もあれば、損益計算書から2つを取る場合もあります。また、貸借対照表／損益計算書のどちらかから数値を1つ取り、決算書以外の数値と組み合わせて計算することもあります。

収益性や安定性がわかる

　決算書の数値を組み合わせると、会社の収益性や安定性といったことを分析することができます。

　収益性の分析では、会社が効率良く売上や利益を上げているのかどうかを調べます。主に、損益計算書の数値を使って分析します。

　一方の安定性の分析は、会社が財務的に大丈夫なのかどうかといったことを調べます。こちらは、主に貸借対照表の数値を使って分析します。

　また、単年の決算書だけでなく、複数年の決算書を使って分析すれば、その会社の調子が上昇傾向なのか下降傾向なのかといったことも調べることができます。

COLUMN　投資の際の判断にも役立つ

　このところ、「預貯金から投資へ」という政策があります。日本では家計の金融資産のかなりの割合が預貯金になっていますが、この預貯金が株式や社債への投資に回るようにして、企業へ資金を流し込み、経済を活性化させようという政策です。

　まだ本格的な流れになっているとはいえませんが、今後は徐々に預貯金から投資への流れができていくことでしょう。読者の中にも、最近になって株式などへの投資を始めたという人がいるのではないでしょうか。

　株式や社債を買う際には、その企業が安定して成長していくかどうかを見極めることが必要になります。その際にも、損益計算書や貸借対照表の数値を使って収益性や安定性の指標を計算してみれば、投資に適しているかどうかを判断することができます。

Level 3　会社で目にする数字・応用編

3.2 会社の収益性を判断する

売上や利益から収益性を判断する

　会社は利益を上げることが最大の目的ですが、いくら売上が多くても経費がよけいにかかるようでは効率良く儲けているとはいえません。

　「効率良く儲けているかどうか」を、収益性と呼びます。決算書の分析でも、収益性を分析することがよく行われます。その方法をいくつか紹介します。

　会社の収益は売上や利益で決まりますが、それらは損益計算書から得られる情報です。したがって、収益性の分析の際には、損益計算書を主に使うことになります。

売上に対する利益の割合を調べる

　収益性を分析する際には、「売上に対して利益がどの程度出ているか」ということを調べます。売上が多くても、利益が少なければ「薄利多売」であって、効率は良くありません。

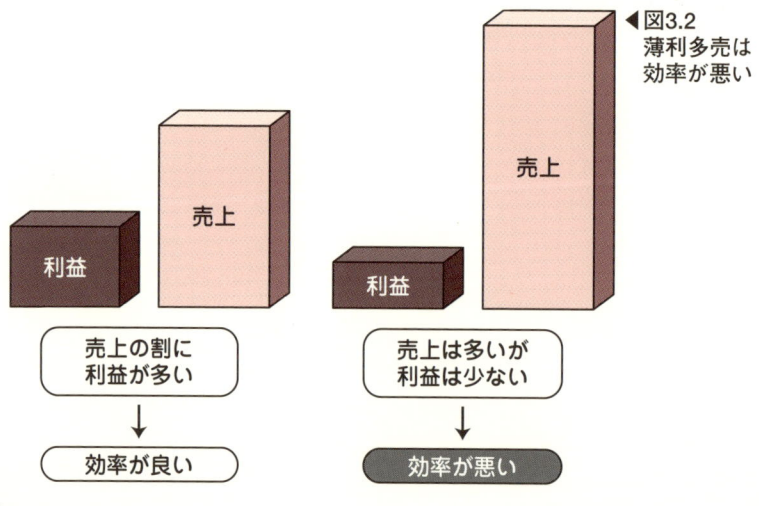

◀図3.2 薄利多売は効率が悪い

3.2 会社の収益性を判断する

　これを調べるためには、売上に対する利益の割合を計算します。利益にはいくつかの種類がありましたが、それらを使って、以下のような指標を計算します。売上や利益は損益計算書から読み取りますが、図3.3の①などの番号で、どこから読み取るかを表しました。

$$売上高総利益率 = \frac{②売上総利益}{①売上高} \times 100 (\%)$$

$$売上高営業利益率 = \frac{③営業利益}{①売上高} \times 100 (\%)$$

$$売上高経常利益率 = \frac{④経常利益}{①売上高} \times 100 (\%)$$

いずれも、収益性が高いほど率も高くなります。

損益計算書
① 売上高
　　売上原価
② 売上総利益
　　販売費・一般管理費
③ 営業利益
　　営業外収益
　　営業外費用
④ 経常利益

◀図3.3　各種の利益率のもとになる損益計算書の数値

■利益率はどのぐらいあればいい？

　売上高営業利益率などは、業種によって平均的な値が違ってきます。東証一部上場企業では、平均的には次ページの表3.1のような値になっています。
　日本の会社の場合、売上高営業利益率や売上高経常利益率が10％を超えれば、優秀だといってもいいでしょう。ちなみに、売上高経常利益率が高い会社をいくつかあげると、次ページの表3.2のようになります。製薬関係やハイテク関係などは、これらの利益率が高い傾向があります。

▼表3.1 東証一部上場企業での各利益率の平均

	製造業	小売業	サービス業
売上高総利益率	20～30%程度	10～30%程度	15～30%程度
売上高営業利益率	3～8%程度	1～5%程度	4～8%程度
売上高経常利益率	3～7%程度	1～5%程度	4～8%程度

▼表3.2 売上高経常利益率が高い会社の例（連結）

会社	売上高（億円）	経常利益（億円）	売上高経常利益率（%）
国際石油開発（H17.3）	4,786	2,586	54.03
ヤフー（H17.3）	1,178	603	51.19
コーエー（H17.3）	281	123	43.77
小野薬品工業（H17.3）	1,453	620	42.67
武田薬品工業（H17.3）	11,230	4,421	39.37
横浜銀行（H17.3）	2,606	965	37.03
セブンイレブン（H17.2）	5,025	1,782	35.46
ヒロセ電機（H17.3）	896	307	34.26
武富士（H17.3）	3,601	1,193	33.13
SANKYO（H17.3）	2,339	751	32.11

総資産（総資本）に対する売上高を調べる

　AとBの2つの会社があって、両者の売上高が同じ1,000億円だとしましょう。しかし資産規模では、A社は2,000億円、B社は1,000億円だとします。この場合、どちらの会社の方が効率が良いでしょうか？

　これはB社になります。B社はA社よりも資産が少ないにもかかわらず、同じ売上を上げています。つまり、資産を有効に活用していることになりますので、効率が良いと考えるわけです。

　総資産（総資本）に対する売上高の割合のことを、**総資産回転率**（または**総資本回転率**）と呼びます。計算方法は図3.5のとおりで、単位は「回」です。収益性が高い会社ほど、総資産回転率も高くなることになります。

$$総資産回転率 = \frac{売上高}{総資産（総資本）}$$

3.2 会社の収益性を判断する

◀図3.4
少ない資産で売上を上げる方が効率が良い

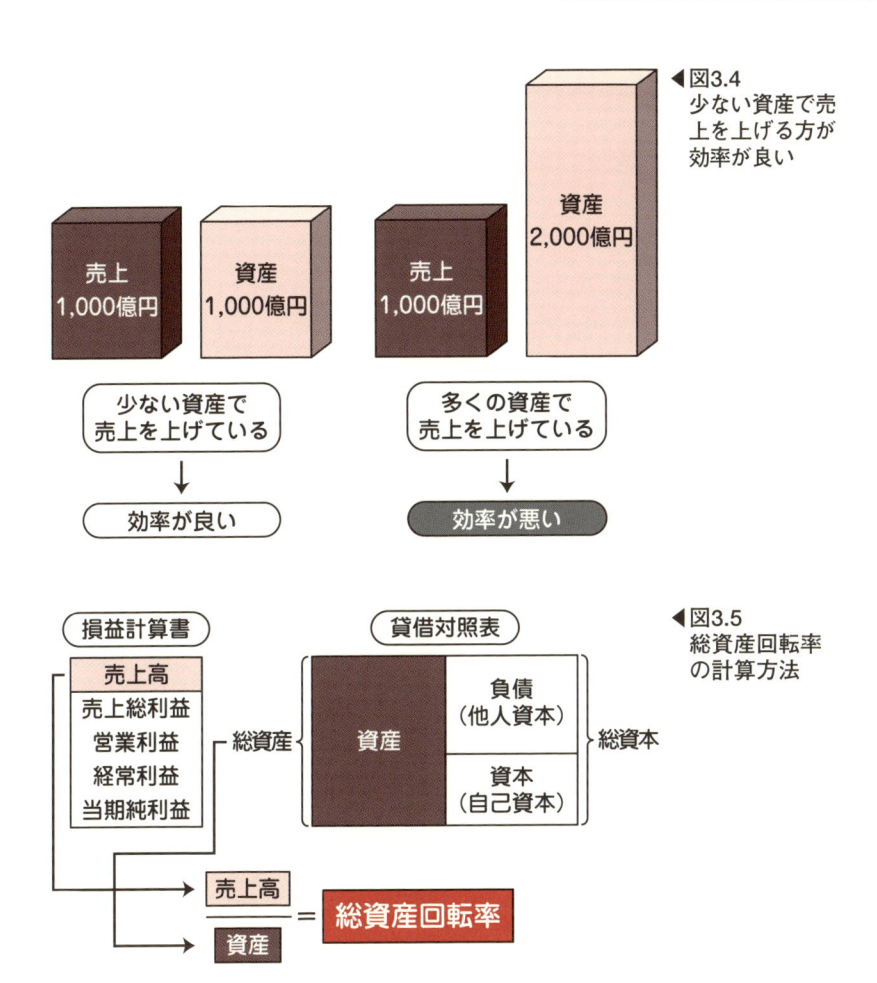

◀図3.5
総資産回転率の計算方法

COLUMN 無駄な資産を縮小して総資産回転率を上げる

　分子が同じなら、分母が小さくなるほど数値自体は大きくなります（例：1/5＜1/3）。総資産回転率では総資産が分母になりますから、総資産の額が小さくなるほど総資産回転率が上がります。

　ここ数年、日本の企業は無駄な遊休資産を売却するなどして、資産を縮小する傾向がありました。その行動を総資産回転率に当てはめてみると、分母を小さくすることを意味します。つまり、無駄な資産を縮小することは、総資産回転率を上げるのに役立ちます。

■総資産回転率はどれぐらいあればいい？

会社の規模が大きくなるにつれて、総資産回転率は下がる傾向があります。特に、重厚長大産業ほど、資産が多いわりに売上はそれほど多くないので、総資産回転率は低めになりやすいのです。また、製造業は低めで、小売業は高めになる傾向もあります。

総資産回転率を見る際の目安ですが、大企業なら0.5回以下、ベンチャー企業なら2回以下だと危険だといわれています。

なお、東証一部企業の場合、総資産回転率は1回前後のところが多くなっています。

▼表3.3　総資産回転率の例（連結）

会社	売上高 （億円）	総資産 （億円）	総資産回転率 （回）
ヤフー（H17.3）	1,178	1,302	0.90
新日本製鐵（H17.3）	33,894	38,721	0.88
ソニー（H17.3）	71,596	94,991	0.75
トヨタ自動車（H17.3）	185,515	243,350	0.76
三菱重工業（H17.3）	25,907	38,311	0.68
イトーヨーカ堂（H17.2）	36,236	25,748	1.41
すかいらーく（H16.12）	3,834	2,443	1.57
ワタミ（H17.3）	658	544	1.21

総資産（総資本）に対する利益の率を調べる

総資産回転率は総資産に対する売上の率でしたが、売上が多くても利益が少なければ、効率が良いとはいえません。そこで、総資産に対する利益の割合を計算して、収益性を判断することもあります。そのために、以下のような指標を計算します。

$$総資産利益率 = \frac{利益}{総資産（総資本）} \times 100 (\%)$$

3.2 会社の収益性を判断する

利益にはいくつかの種類がありますから、経常利益を使う場合（総資産経常利益率）もありますが、当期純利益を使う場合を**総資産利益率**といいます。総資産利益率は英語では「Return On Asset」と呼び、**ROA**と略します。

▼図3.6　総資産利益率（ROA）の計算手順

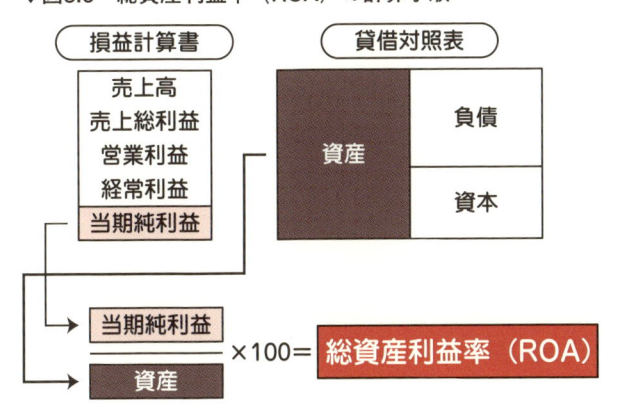

```
損益計算書            貸借対照表
┌─────────┐      ┌──────────┐
│ 売上高    │      │      │負債 │
│ 売上総利益│      │ 資産 ├──────┤
│ 営業利益  │      │      │資本 │
│ 経常利益  │      └──────────┘
│ 当期純利益│
└─────────┘
       │
       ↓
   当期純利益
   ────────── ×100 ＝ 総資産利益率（ROA）
     資産
```

COLUMN　貸借対照表の数値では当期／前期の平均値を取ることもある

損益計算書は1年間の事業の成果を表しますが、貸借対照表は期末の一時点の財政状態を表します。

そのため、損益計算書と貸借対照表の数値を組み合わせて指標を計算する場合、1年間の数値と一時点の数値とを対比することになります。しかし、片方が1年間の数値なら、もう片方も1年間の数値であることが望ましいのです。

そこで、損益計算書と貸借対照表の両方から数値を取る際には、貸借対照表の数値は期首と期末の数値を平均し、1年間の大まかな平均を取ることもよく行われます。また、ある年度の期首は前年度の期末でもありますので、今期と前期の期末の平均を取ればよいことになります。

■ **総資産利益率はどのぐらいあればいい？**

　日本の大きな会社の場合、バブル期に過剰に設備投資をした結果、資産が過剰になっている傾向があります。一方、利益はそれほど大きく出ていません。そのため、資産のわりに利益が少なく、総資産利益率の値もあまり高くない傾向があります。

　東証一部上場企業の場合、総資産利益率は1〜3％程度のところが多く、5％を超える会社はあまりありません（図3.7）。

▼図3.7　東証一部上場企業の総資産利益率の分布

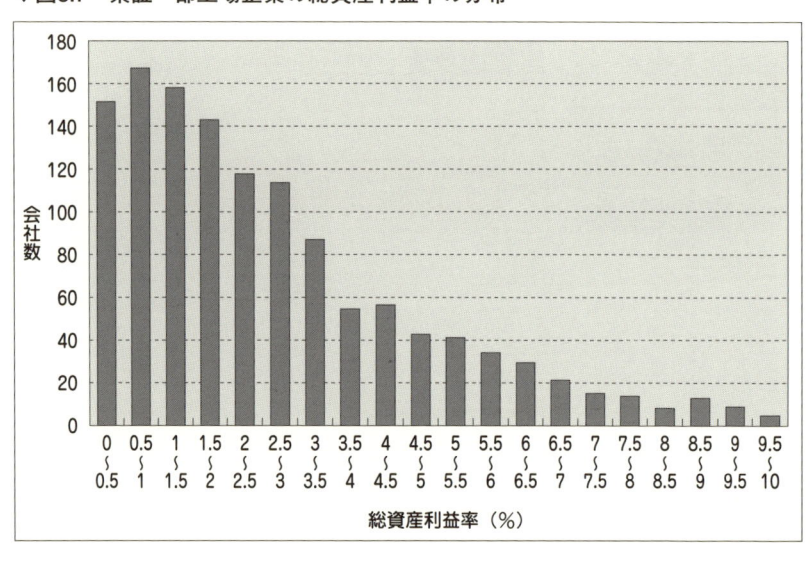

COLUMN　**収益性を上げることが求められている**

　ここ数年、株式投資熱がずいぶん高まってきました。そのような中で、大口の投資家が企業に対して、「効率良く利益を上げて、企業の価値を高めろ」と求めるようになってきました（企業の価値が高まれば、株価も上がることが期待できるため）。

　この流れに伴って、総資産利益率などを上げることを経営上の目標にする企業が増えています。

3.3 会社の安定性を判断する

安定性も重要なポイント

収益性と並んで、会社の善し悪しを判断する上で重要なポイントとして、**安定性**があります。例えば、売上が多くても、借金も多いようだと、その会社が安定した経営をしているかどうか不安です。

収益性を分析する際には、損益計算書の数値をたくさん使いました。これに対し、安定性を分析する際には、貸借対照表の数値が中心になります。

財務の全体的な健全性を分析する —— 自己資本比率

75～76ページで解説したように、会社の資金の調達元は負債（他人資本）と資本（自己資本）に分けられます。負債は返済する必要があるお金で、一方の資本は通常は返済する必要がないお金です。そして、それらの合計が会社の総資本（資産）となります。

総資本の内で、負債が占める割合が高く、自己資本の占める割合が低い場合、その会社は借金に追われていて、財務的に健全だとはいえません。逆に自己資本の占める割合が高ければ、財務的な健全性が高いと考えられます。

このように、総資本に対する自己資本の占める割合によって、財務の健全性を判断することがよくあります。その際に使う指標として、**自己資本比率**（または**株主資本比率**）があります。使う数値としては、貸借対照表の資産の部／資本の部のそれぞれの合計額を用います。

$$自己資本比率 = \frac{自己資本（株主資本）}{総資本（資産）} \times 100 (\%)$$

なお、ニュースなどで「銀行の自己資本比率」という言葉を耳にしたことがある人も多いと思いますが、その計算方法は上記のものとは異なります。121ページのコラムを参照してください。

▼図3.8 総資本の内で負債と資本の占める割合で健全性を判断する

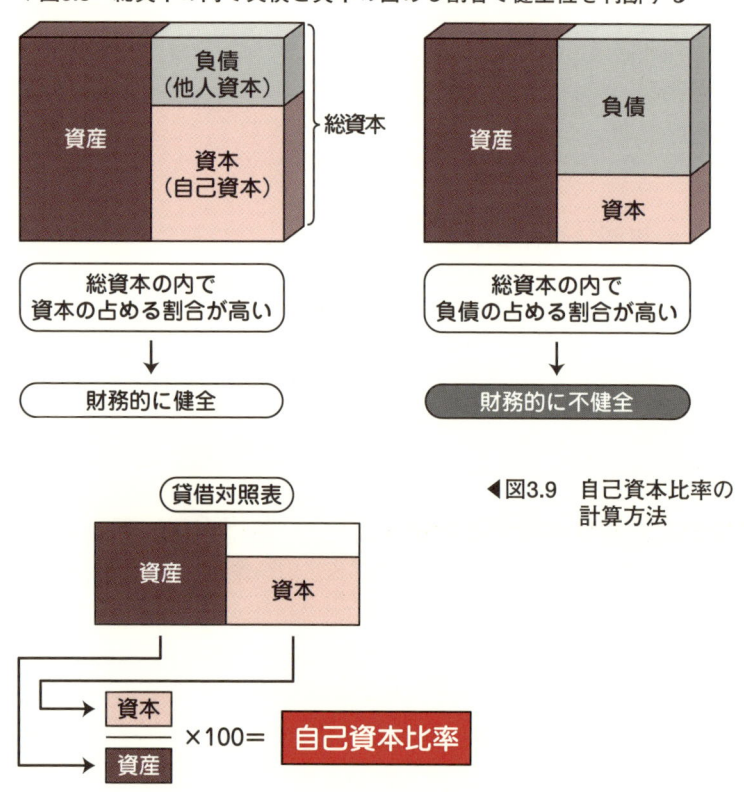

総資本の内で
資本の占める割合が高い
↓
財務的に健全

総資本の内で
負債の占める割合が高い
↓
財務的に不健全

◀図3.9 自己資本比率の計算方法

貸借対照表

資本 / 資産 ×100= 自己資本比率

■自己資本比率の目安

　基本的に、自己資本比率は高い方が健全だと考えられます。業種によって自己資本比率が高いところもあれば低いところもありますが、目安としては30～40%は欲しいところです。特に、10%を割っているような会社は、かなり厳しいと考えた方がいいでしょう。

　ちなみに、東証一部上場企業の場合、自己資本比率の分布は右上の図のようになっています。会社によって幅があることがわかりますが、30～60%あたりが多くなっています。

　なお、ここ数年、日本企業は負債を返済して減らす方向にあります。負債が減れば、総資本に占める自己資本の割合が相対的に上がりますので、自己資本比率は改善する傾向があります。

3.3 会社の安定性を判断する

▼図3.10　東証一部上場企業の自己資本比率の分布

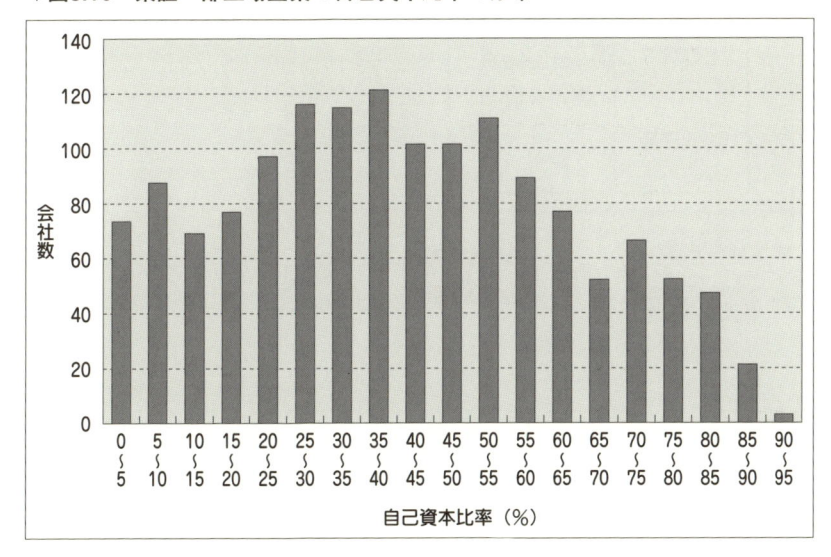

資金繰りの安全性を分析する —— 流動比率

　会社どうしでの取引では、商品の受け渡しが先で、代金の受け渡しは後になるのが一般的です。ただ、いざ支払いの段階になってお金がないとなると、資金繰りに詰まって倒産してしまうことにもなりかねません。

　そこで、「目先の資金繰りは大丈夫か」ということも分析しておきたいところです。そのために使う指標として、流動比率というものがあります。

$$流動比率 = \frac{流動資産}{流動負債} \times 100 (\%)$$

　なお、流動資産は原則として1年以内に現金として回収できるもので、現金／預金／売掛金／受取手形／有価証券／棚卸資産（商品や製品）などが該当します。一方、流動負債は原則として1年以内に返済しなければならない負債で、短期の借入金／買掛金／支払手形などが該当します。

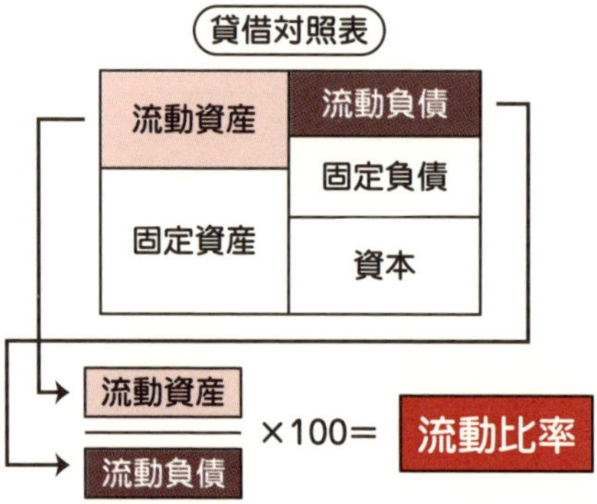

◀図3.11 流動比率の計算方法

(貸借対照表)

流動資産	流動負債
	固定負債
固定資産	資本

$$\frac{流動資産}{流動負債} \times 100 = 流動比率$$

■ 流動比率の目安

　流動比率は200％以上あることが好ましいとされています。流動比率が200％以上ということは、流動資産が流動負債の2倍以上あることになりますので、資金繰りに余裕があることになります。

　ただ、日本の会社で流動比率が200％を超えているところはそう多くなく、150％以上かどうかが判断の目安といわれています。また、業種によって代金の支払いや回収までの時間が異なりますので、その点も考慮することが必要です。

　一方、流動資産よりも流動負債が多いと、近々手に入るお金よりも近々返さなければならないお金の方が多いという危ない状態を示します。その場合、流動比率の式では分母の流動負債が分子の流動比率よりも多くなり、流動負債は100％以下になります。つまり、流動比率が100％を割っている場合は、安全性の点で健全とはいえません。

　ただし、ある年度だけたまたま流動比率が低い場合もありますから、単年の値だけでは、判断を誤ることもあり得ます。数年間の流動比率を調べて、その値の傾向を見るようにしたいものです。

　また、流動比率が極端に高い会社の中には、現金などを会社に溜め込んで、あまり新規投資をしていない場合があります。そういう会社は、安全といえば安全ですが、成長性はあまり期待することができません。

3.3 会社の安定性を判断する

▼表3.4　東証一部上場の主な企業の流動比率（連結）

会社	流動資産 （億円）	流動負債 （億円）	流動比率 （％）
鹿島建設（H17.3）	11,151	11,715	95.19
キリンビール（H16.12）	6,208	4,428	140.20
ヤフー（H17.3）	924	316	292.41
新日本製鐵（H17.3）	12,572	14,548	86.42
ソニー（H17.3）	35,562	28,094	126.58
トヨタ自動車（H17.3）	94,401	82,272	114.74
キヤノン（H16.12）	22,322	9,832	227.03
イトーヨーカ堂（H17.2）	10,586	6,727	157.37

資金繰りの安全性をさらに厳しく判断する —— 当座比率

　資金繰りが安全かどうかを判断する際には、流動比率のほかに当座比率を使うこともあります。当座比率は、流動負債に対して当座資産がどの程度あるかを表す指標で、「いざ」というときの支払能力を計るものです。

　貸借対照表には「当座資産」という項目はありませんが、「流動資産」の中の現金／預金／売掛金／受取手形／有価証券の合計にあたります。

　流動資産は比較的短期間で現金化することができますが、なかには現金化するのにある程度時間がかかるものがあります。例えば、商品は販売しなければ現金化できませんが、すぐに販売できるとは限りません。

　そこで、すぐに現金化できる資産（当座資産）に限定して考えるのが、当座比率です。当座比率は当座資産と流動負債との比で、流動比率の式の分子を当座資産に変えると求められます。

$$当座比率 = \frac{当座資産}{流動負債} \times 100 (\%)$$

▼図3.12 当座比率の計算方法

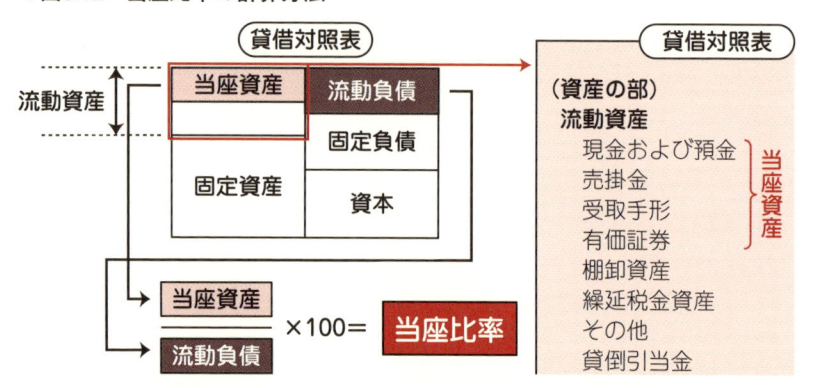

貸借対照表

当座資産	流動負債
固定資産	固定負債
	資本

流動資産＝当座資産＋固定資産の上部

当座資産 / 流動負債 ×100＝ 当座比率

貸借対照表
（資産の部）
流動資産
　現金および預金　┐
　売掛金　　　　　│
　受取手形　　　　├ 当座資産
　有価証券　　　　┘
　棚卸資産
　繰延税金資産
　その他
　貸倒引当金

■ 当座比率の目安

　いざというときには、当座資金で流動負債を返済することも考えられます。したがって、当座資金が流動負債より多いことが望ましいですが、その場合の当座比率は100％以上が必要になります。

　ただ実際には、当座比率が100％以上ある企業はそう多くはありません。80％以上あるかどうかが目安になるといわれています。実際、東証一部上場企業で見ても、当座比率が80％前後の企業が多くなっています。

▍ 長期的な安定性を判断する ── 固定比率と固定長期適合比率

　流動比率や当座比率は短期的な安定性を判断するものでしたが、長期的な安定性を見るためのものとして、固定比率や固定長期適合比率があります。

■ 固定比率とは

　会社が事業をしていく上では、事務所や工場などの建物や機械などの設備といった、固定資産が必要です。ただ、固定資産は長期的に使うものなので、その元となる資金も長期的な資金であることが望ましくなります。

　このことを調べるための指標として、**固定比率**があります。固定比率は、固定資産と資本を比較して、長期的な安定性を判断するものです。

$$固定比率 = \frac{固定資産}{資本（自己資本）} \times 100（\%）$$

3.3 会社の安定性を判断する

■固定長期適合比率とは

固定資産を自己資本ですべてまかなうのは、実際にはなかなか難しいことです。長期的な負債（固定負債）も使って固定資産を調達することも多いのですが、そこまでは許容範囲と考えられます。

そこで、「資本と固定負債までで固定資産をまかなうことができているかどうか」を調べるための指標として、固定長期適合比率があります。

$$固定長期適合比率 = \frac{固定資産}{資本（自己資本）＋固定負債} \times 100 (\%)$$

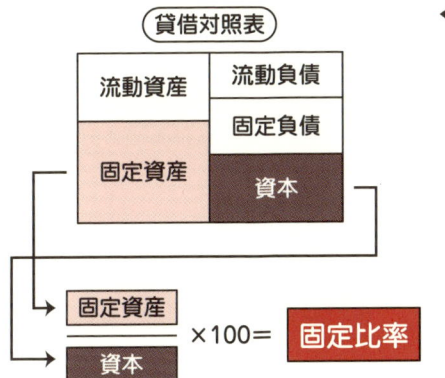

◀図3.13　固定比率の計算方法

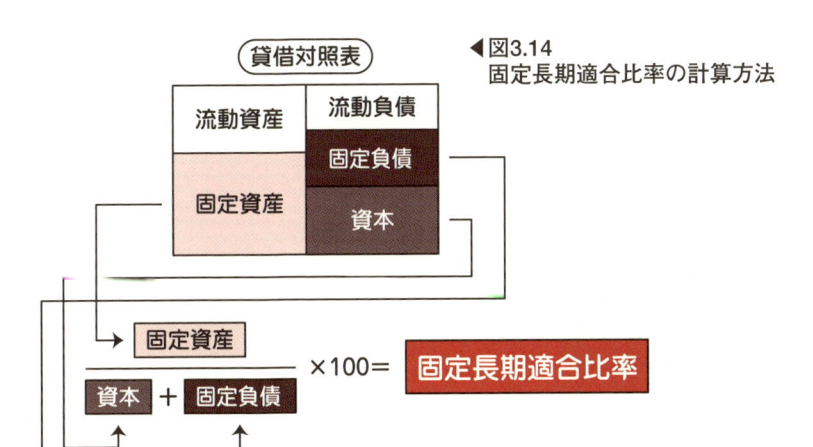

◀図3.14　固定長期適合比率の計算方法

■固定比率／固定長期適合比率の見方

　固定比率は、100％以下であることが好ましく、小さい方がより良いといえます。その場合、固定資産は資本の範囲内でまかなわれていることになりますが、自己資本は通常は返済する必要がないお金ですので、そのような状態が好ましいわけです。

　また、固定比率が100％を超えていても、固定長期適合比率が100％を下回っていれば、許容範囲と考えられます。逆に、固定長期適合比率が100％を上回っている場合、固定資産のために短期の負債が回されていることを意味しますので、資金繰りに不安があると考えられます。

　また、固定長期適合比率がそれほど高くなくても、固定比率がかなり高い会社があります。そのような会社は、長期負債をかなり使って固定資産を購入していることになりますので、貸借対照表は下図のようになります。この状態では、自己資本よりも負債がかなり多く、自己資本比率が低いことになりますから、好ましくはありません。ただし、電力会社や鉄道会社など、業種によっては固定比率が高くなる場合もあります（500％〜1000％など）。

　ちなみに、東証一部上場企業の場合、固定比率や固定長期適合比率が60〜120％あたりの会社が多くなっています。特に、固定長期適合比率が120％を超える会社は、それほど多くありません。

　しかし、固定比率が100％を大きく超える会社は、結構あります。なかには、固定比率が数百％にもなっている会社もあります。同業他社に比べて固定比率が極端に高い会社は、要注意といえるでしょう。

▼図3.15　固定長期適合比率がそれほど高くなくても、
　　　　　固定比率が高い会社はあまり好ましくない

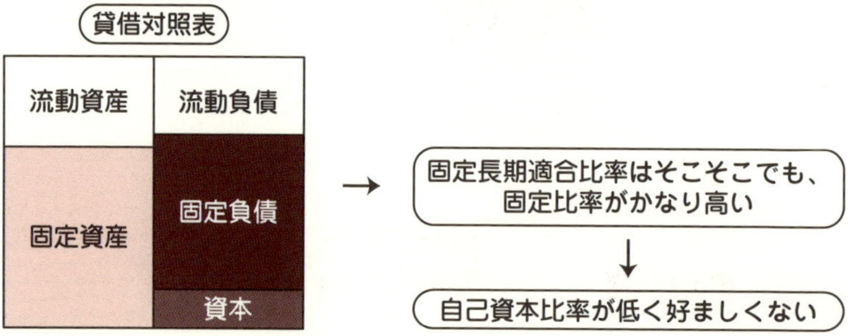

3.3 会社の安定性を判断する

COLUMN　銀行の自己資本比率

　銀行の安全性を判断する際にも、「自己資本比率」の用語を使います。ただ、その場合は一般企業とは違い、「BIS基準」という基準で計算した値を使うのが一般的です。その計算方法は以下のようになっています。

$$自己資本比率 = \frac{基本的項目 + 補完的項目}{リスク資産}$$

　分母の「リスク資産」とは、銀行の持っている資産（貸出など）をリスク度合いで分類し、それぞれに一定の比率を掛けて、それらを合計したものです。例えば、一般のローンはリスク度合い100％、抵当権付の住宅ローンは50％‥‥などの率を掛けます。リスクの高いものほど、高い割合で資産に含めるという考え方です。一方の分子ですが、「基本的項目」は一般企業の資本に相当します。また、「補完的項目」は不動産や株の含み益の一部などです。

　銀行が安全かどうかを判断する際には、この自己資本比率が使われます。国際的な業務を行っている銀行では、この自己資本比率が8％以上あるかどうかが、健全かどうかの目安とされます。また、国内業務だけの銀行の場合は、4％が目安です。

　なお、数年前に銀行の「貸し渋り」や「貸し剥がし」が問題になったことがありましたが、これも自己資本比率と関連しています。

　自己資本比率を上げるには、分母（リスク資産）を小さくするか、あるいは分子（基本的項目＋補完的項目）を大きくする必要があります（または、その両方を行う）。

　ただ、基本的項目や補完的項目を大きくするのは、そう簡単ではありません。一方、分母のリスク資産は、貸出を減らせば小さくすることができます。これが、貸し渋りや貸し剥がしが行われた理由です。

3.4 株式投資に適しているかどうかを判断する

▮▮ 投資判断にも決算書を使う

　低金利の状態が長く続き、預貯金ではお金を増やすことが難しくなっています。そのような中で、「ひとつ株でもやってみるか」という人も、少しずつ増えてきているようです。しかし、適当に勘で株を売買しても、儲けることは難しいでしょう。やはり、決算書を調べてみて、その会社が投資に適しているかどうかを判断することは必要です。

　ここまででいろいろな指標を紹介しましたが、それらは投資判断の際にももちろん役立ちます。さらに、株式投資独特の指標も組み合わせれば、より詳しく分析できるでしょう。ここでは、よく使われる指標として、「PER」「PBR」「ROE」を説明します。

▮▮ 株価と利益の関係を調べる ── 1株当たり当期純利益とPER

▮ 株価は利益の影響を大きく受ける

　株価が決まる要因はいろいろありますが、もっとも大きな要因として、**1株当たり当期純利益**があります（以下、本文では1株益と略）。1株益は以下のようにして計算します。

$$1株当たり当期純利益 = \frac{当期純利益}{発行済み株式数}$$

※期中の平均株式数

　上場企業のホームページを見てみると、「決算短信」という項目の1ページ目に図3.16のような表があり、ここからも1株益の数値が確認できます。

【発行済み株式数の調べ方】
　発行済み株式数は、「会社四季報」や「日経会社情報」に掲載されています。また、インターネットで株価情報を見ると、たいてい発行済み株式数の情報も出ています。

3.4 株式投資に適しているかどうかを判断する

▼図3.16 「決算短信」（連結）の１ページ目
1. 17年3月期の業績（平成16年4月1日～平成17年3月31日）
（1）経営成績

	売上高		営業利益		経常利益	
	百万円	%	百万円	%	百万円	%
17年3月期	57,249	8.4	3,038	11.0	3,216	15.3
16年3月期	57,299	25.2	2,736	▲15.6	2,790	▲17.0

	当期純利益		1株当たり当期純利益	潜在株式調整後1株当たり当期純利益	株主資本当期純利益率	総資本経常利益率	売上高経常利益率
	百万円	%	円 銭	円 銭	%	%	%
17年3月期	1,526	48.0	36.86	36.74	8.5	8.3	5.6
16年3月期	1,031	31.6	24.91	24.88	6.0	9.4	5.3

1. 期中平均株式数　17年3月期　41,407,476株　──　1株益は親会社の期中平均株式数を分母にする

　株を持っていると配当をもらうことができますが、その配当は当期純利益の中から支払われます。したがって、１株益が多いほど１株当たりの配当の額も多くなり、その株の魅力が出て、株価が上がると考えられます。

　例えば、１株益が10円の会社だと、配当は１株当たりせいぜい3～5円程度しか出ないでしょう。一方、１株益が100円の会社なら、配当を30～50円ぐらい出すこともあります。となると、後者の株価は前者の10倍ぐらいになることが考えられます。

■ 株価と利益の関係を表すPER

　上で述べたように、株価は１株益に応じて決まる傾向があります。そうなると、利益が出ていないのに株価がやたらと高い場合、「その株は過大評価されているのではないか」と考えられ、株価はいずれ下がりそうだという予想が立ちます。逆に、利益が出ているのに株価が低い場合は過小評価と考えられ、今後は株価が上がりそうだという予想ができます。

　そこで、「株価が１株当たり当期純利益の何倍になっているか」ということから、株価の上がりすぎ／下がりすぎを判断できます。その際に使うのが、**PER**という指標です。「Price Earnings Ratio」の略で、日本語では**株価収益率**と呼びます。PERは以下のように計算し、単位は「倍」です。

$$\text{PER} = \frac{\text{株価}}{\text{１株当たり当期純利益}}$$

例えば、株価が500円、当期純利益が30億円、発行済み株式数が1億5千万株の会社の場合、PERは以下のように計算して25倍になります。

$$1株当たり当期純利益 = \frac{30億円}{1億5千万株} = 20円$$

$$PER = \frac{500円}{20円} = 25倍$$

なお、計算元の当期純利益は予想値を使うことが多いのですが（株式投資は将来を予想して行うため）、この場合のPERを**予想PER**と呼びます。一方、決算書に出ている確定した当期純利益を使う場合は**実績PER**と呼びます。

■PERの目安

では、PERがどのぐらいなら、株価が高いといえるのでしょうか？ 残念ながら、これには絶対的な基準はありません。ただ、日本の会社の場合、PERは15倍〜30倍程度のところが多いので、それが1つの目安となります。

また、PERを同業他社と比較して、高低を判断することもよくあります。同業他社よりもPERが飛びぬけて高い会社は、株価が過大評価されていると判断します。

▼表3.5　主な会社のPER

会社	株価（円）	1株益（円）	PER（倍）
キリンビール（H16.12）	1,009	50.58	19.95
王子製紙（H17.3）	602	42.06	14.31
新日本製鐵（H17.3）	271	32.73	8.28
ソニー（H17.3）	4,270	175.90	24.28
トヨタ自動車（H17.3）	3,990	355.35	11.23
キヤノン（H16.12）	5,530	387.80	14.26
イトーヨーカ堂（H17.2）	4,320	40.73	106.06
東京電力（H17.3）	2,600	167.29	15.54
NTTドコモ（H17.3）	180,000	15,771.01	11.41

※株価は各企業の決算期末（カッコ内）の終値、1株益は各企業決算書（連結）の1株当たり当期純利益より

3.4 株式投資に適しているかどうかを判断する

ただ、伸び盛りの会社の場合、将来を先取りして株価が上がりやすいので、PERは高めになる傾向があります。一方、成熟した会社で将来の成長があまり期待できない場合は、PERは低めになりやすい傾向があります。

株価と純資産の関係を調べる —— 1株当たり株主資本とPBR

1株益とPERは会社の利益の面で投資に向いているかを判断するものですが、財務の面で判断する指標に、1株当たり株主資本とPBRがあります。

1株当たり株式資本とは

会社の資本は、67ページで解説したように、資本金や資本準備金などから構成されます。また、「資本＝資産－負債」の関係が成り立ちますが、会社を仮に清算するとすれば、資産をすべて売却して負債を返済した後の残りが、資本になることになります。

会社が清算された場合、株主はその分け前を受け取る権利があり、「残余財産分配請求権」と呼びます。つまり、「会社の資本は株主のもの」だと考えることができます。したがって、1株当たりの資本が多ければ、会社を仮に清算した場合に受け取れる額が多くなりますので、株価も上がると考えられます。

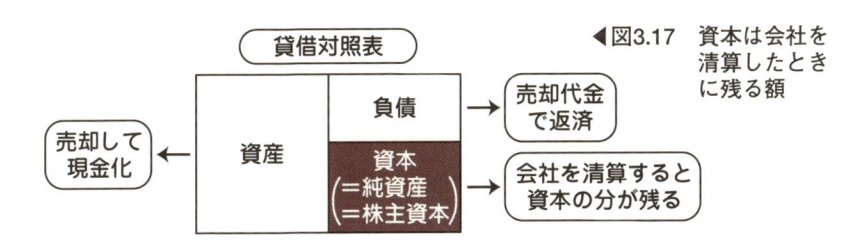

◀図3.17 資本は会社を清算したときに残る額

そこで1株当たりの資本（純資産＝株主資本）がどれくらいかを示した数値が**1株当たり株主資本**（あるいは**1株当たり純資産**）で、以下の式で計算されます。この数字は、1株当たり当期純利益と同様、企業の発表する「決算短信」や株関係サイトでも掲載されています。

$$1株当たり株主資本 = \frac{株主資本（純資産）}{発行済み株式数}$$

※期末の株式数

■PBRとは

PBRは、1株当たり株主資本に対して、株価がどのぐらいの水準になっているかを表すものです。「Price Book-value Ratio」の略で、日本語では**株価純資産倍率**と呼びます。PBRは以下のように計算され、単位は「倍」です。

$$PBR = \frac{株価}{1株当たり株主資本}$$

例えば、株価が500円、株主資本が800億円、発行済み株式数が2億株の会社の場合、PBRは以下のように計算します。

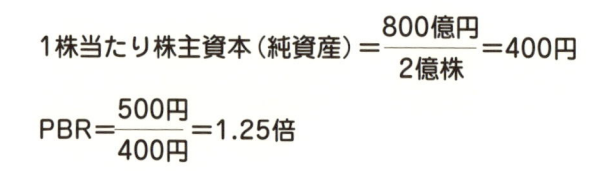

$$1株当たり株主資本（純資産） = \frac{800億円}{2億株} = 400円$$

$$PBR = \frac{500円}{400円} = 1.25倍$$

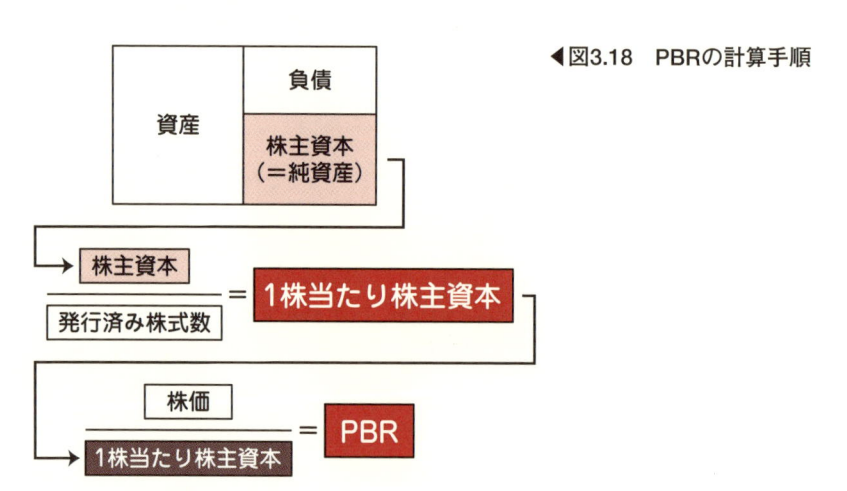

◀図3.18　PBRの計算手順

■PBRの見方

PBRが大きい値になっている場合、資産価値に対して株価が高いことになります。つまり、「割高である」ということになり、将来に株価が下がりそうだと予想します。逆に、PBRの値が小さければ、資産価値に対して株

価が低く、割安と判断します。東証一部上場企業の場合、PBRは0.6～2倍くらいのところが多いので、そのあたりを1つの目安にするといいでしょう。

ただ、PBRでは、人材やノウハウといった「数値化できない資産」は反映することができません。ソフトウェアメーカーのように、設備投資よりも人的資源で稼いでいる会社では、PBRは高めに出ることも考えられますから、そのような点には注意する必要があります。

▼表3.6　主な会社のPBR

会社	株価（円）	1株当たり株主資本（円）	PBR（倍）
キリンビール（H16.12）	1,009	888.65	1.14
王子製紙（H17.3）	602	484.50	1.24
新日本製鐵（H17.3）	271	176.21	1.54
ソニー（H17.3）	4,270	2,872.21	1.49
トヨタ自動車（H17.3）	3,990	2,767.67	1.44
キヤノン（H16.12）	5,530	2,491.83	2.22
イトーヨーカ堂（H17.2）	4,320	2,742.42	1.58
東京電力（H17.3）	2,600	1,853.52	1.40
NTTドコモ（H17.3）	180,000	84,455.27	2.13

※株価は各企業の決算期末（カッコ内）の終値、1株当たり株主資本は各企業決算書（連結）の1株当たり株主資本より

COLUMN　PBR1倍割れの企業は買収のターゲットになりやすい

ライブドアがニッポン放送を買収しようとするなど、日本でも企業買収が一般化しつつあります。その際に、「PBR1倍割れ」が1つのキーワードになります。

PBRが1倍を割っているということは、1株当たり株主資本よりも株価が安いことを意味します。つまり、資本よりも安い資金で、その企業の株を買い占めて買収できることになり、買収のメリットが大きくなります。

PBRが1倍を割っていて、財務内容がそこそこ良い企業は、買収のターゲットにされやすくなることが予想されます。

資本と利益の関係を調べる —— ROE

「ROE」は資本と利益の関係を調べる指標で、株式投資の際には比較的重視されています。

■ROEとは

前述したように、会社の資本は株主のものだという考えに立つと、会社の利益は、株主にとってみれば、「会社にお金を託し、それを活用して得られた運用益」と考えることもできます。したがって、「資本に対してどの程度の利益を上げているか」ということも、投資判断の際には重視されます。

そのために使われる指標として、**ROE**があります。ROEは「Return On Equity」の略で、日本語では**株主資本利益率**と呼びます。

$$ROE = \frac{当期純利益}{株主資本} \times 100 (\%)$$

▼図3.19　ROEの計算方法

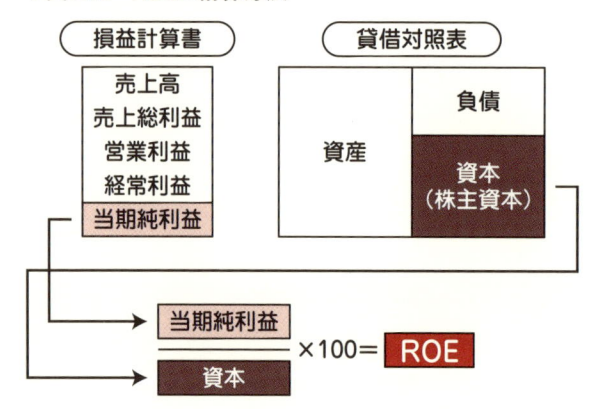

■ROEの見方

ROEは資本に対する利益の割合で、収益性を判断する指標になります。ROEが高い場合、資本を有効に活用して高い利益を出していることになり、投資に適していると判断します。逆に、ROEが低い場合は、投資にはあまり向かないと判断します。

3.4 株式投資に適しているかどうかを判断する

　東証一部上場企業の場合、ROEは2～7%程度のところが多くなっていますので、それを目安に考えるといいでしょう。また、10%を超えていればよい会社だといえるでしょう。

　ちなみに、東証一部上場の主な企業のROEは、下表のようになっています。なかにはトヨタ自動車やキヤノンのように10%を超えている会社もあります。

▼表3.7　主な会社のROE（連結）

会社	当期純利益 （億円）	株主資本 （億円）	ROE（%）
キリンビール（H16.12）	491	8,586	5.7
王子製紙（H17.3）	433	4,899	8.8
新日本製鐵（H17.3）	2,206	11,884	18.6
ソニー（H17.3）	1,638	28,703	5.7
トヨタ自動車（H17.3）	11,713	90,450	12.9
キヤノン（H16.12）	3,433	22,099	15.5
イトーヨーカ堂（H17.2）	172	11,445	1.5
東京電力（H17.3）	2,262	25,022	9.0
NTTドコモ（H17.3）	7,476	39,079	19.1

COLUMN　ROE重視の傾向が強まる

　かつては、日本の企業は銀行との間で株式を持ち合って、相互に依存するような関係がありました。しかしここ数年は、株価下落の影響や、資産の効率化などの関係から、銀行との株式持合いの構図が崩れ、代わって大口の投資家（機関投資家）が多くの株式を持つケースが増えてきました。

　機関投資家は、多くの投資家から投資資金を集めて運用し、利益を投資家に分配することが求められるため、投資先の企業に対して利益を上げるように要求することが多くなりました。その際の指標として、ROEが重視される傾向が強くなっています。

3.5 指標の推移を見て判断する

▌3期分の推移を見たい

　ここまででは、収益性や安定性を分析する方法をいろいろと紹介してきました。しかし、ある1年分の決算書を分析しただけは「会社の業績や財務がどのように変わってきたか」ということは分析できません。単年の数字で見るとそこそこよくても、徐々に悪化傾向になっている場合もあるでしょう。

　そこで、何年か分の決算書を使って、業績などの数値がどう変わってきたかを見て、その会社が上り調子なのか下り調子なのか、あるいは横ばいなのかといったことを分析することも必要です。少なくとも、過去3期分の決算書は見比べたいものです。

　また、数値をそのまま見ても直感的ではありませんので、グラフ化してわかりやすいようにするとよいでしょう。

▌売上や利益が伸びているかどうかを調べる

　会社が伸びているかどうかは、もっとも単純には売上や利益が伸びているかどうかで判断できます。

　「増収増益」や「減収減益」といった言葉を聞いたことがあるかと思いますが、「増収」や「減収」は、売上が増えた（減った）という意味です。一方、「増益」や「減益」は、利益（主に経常利益）が増えた（減った）という意味です。

　売上も利益も伸びる（つまり増収増益）のが好ましいのは、いうまでもないでしょう。また、同じ増収増益でも、伸びの幅が大きい方がより好ましいといえます。

　前期に対する今期の売上の伸び率のことを、**増収率**と呼びます。また、利益の伸び率は**増益率**と呼びます。利益には「営業増益率」「経常増益率」などの種類があります。

3.5 指標の推移を見て判断する

▼図3.20　増収率や増益率の計算方法

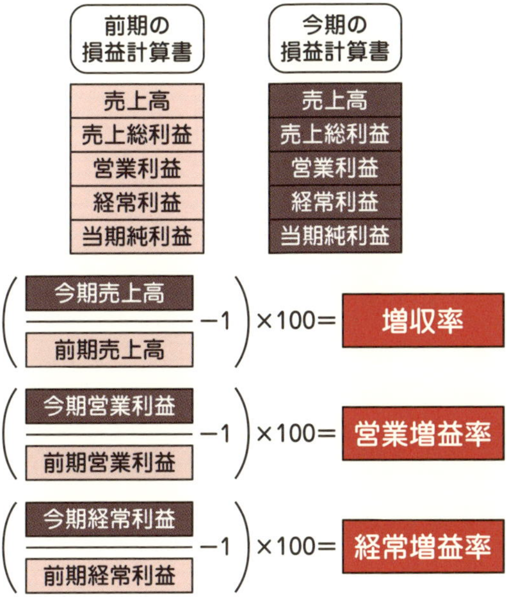

前期の損益計算書
- 売上高
- 売上総利益
- 営業利益
- 経常利益
- 当期純利益

今期の損益計算書
- 売上高
- 売上総利益
- 営業利益
- 経常利益
- 当期純利益

$$\left(\frac{今期売上高}{前期売上高}-1\right)\times 100 = 増収率$$

$$\left(\frac{今期営業利益}{前期営業利益}-1\right)\times 100 = 営業増益率$$

$$\left(\frac{今期経常利益}{前期経常利益}-1\right)\times 100 = 経常増益率$$

■ 増収率／増益率の計算の例

例えば、売上と利益が下表のように変化したとしましょう。この場合、増収率と経常増益率を求めると、それぞれ以下のようになります。

$$増収率 = \left(\frac{1,100}{1,000}-1\right)\times 100 = 10\%$$

$$経常増益率 = \left(\frac{60}{50}-1\right)\times 100 = 20\%$$

▼表3.8　売上と利益の変化の例

	2004年3月期（億円）	2005年3月期（億円）
売上高	1,000	1,100
経常利益	50	60

収益性の伸びを調べる

基本的には増収増益が望ましいわけですが、「とにかく増収増益ならよい」というわけではありません。売上が大きく伸びたにもかかわらず、利益がほんのわずかしか伸びていないようだと、収益性が下がったことになり、よい状態とはいえないからです。

そこで、収益性の伸びも調べてみましょう。106ページ以降で収益性に関する指標をいくつか紹介しましたが、それらがどのような傾向で変化しているかをチェックします。

例えば、前のページにあげた会社（表3.8）で、収益性の変化を見てみましょう。この表では売上高と経常利益が出ていますが、それらを使うと売上高経常利益率を求めることができます（→107ページ）。2004年3月期と2005年3月期のそれぞれで計算してみると、以下のようになります。

$$\text{売上高経常利益率（2004年3月期）} = \frac{50}{1,000} \times 100 = 5\%$$

$$\text{売上高経常利益率（2005年3月期）} = \frac{60}{1,100} \times 100 = 5.5\%$$

売上高経常利益率は高い方がよいわけですが、この会社は2004年3月期よりも2005年3月期の方が売上高経常利益率が上がっていますので、収益性が上がったことになります。

安定性の変化も調べる

収益性が上がることはよいことですが、それと同時に安定性も上がるとなおよいですね。そこで、安定性の変化も調べてみましょう。113ページ以降で、安定性に関する指標をいくつか紹介しましたが、それらを計算してみて、その値がよくなっているかどうかを判断します。

例えば、ある会社の資産／負債／資本が表3.9のように変化したとしましょう。これらの数値を使うと、自己資本比率を求めることができます。2004年3月期と2005年3月期のそれぞれで計算してみると、以下のようになります。

3.5 指標の推移を見て判断する

$$\text{自己資本比率}\atop\text{(2004年3月期)} = \frac{4,000}{10,000} \times 100 = 40\%$$

$$\text{自己資本比率}\atop\text{(2005年3月期)} = \frac{5,000}{10,500} \times 100 = 47.6\%$$

　自己資本比率は基本的に高い方がよいので、この会社は財務的な安定性が上がったことになります。2004年と2005年を比べてみると、資産が増えている一方で負債が減っていますので、安定性が上がったわけです。

▼表3.9　資産／負債／資本の変化の例

	2004年3月期 （億円）	2005年3月期 （億円）
資産	10,000	10,500
負債	6,000	5,500
資本	4,000	5,000

COLUMN　企業の決算の情報を手に入れるには？

　各種の指標を計算するには、企業の決算数値を入手することが必要です。現在では、たいていの企業がホームページで決算書を公開しています。過去数年分の決算書が公開されていて、パソコンの画面上でそれらの決算書を読むことができます。

　なお、決算書の情報は、主に「IR」（Investors Relations＝投資家向け広報）のページに掲載されています。

日産自動車の復活を数字で見る

ここまでに紹介したいろいろな数字を使って、実際の会社の変化を見てみることにしましょう。例として、ここ数年で劇的な復活をとげた日産自動車を取り上げることにします。

日産自動車のここ4年の決算書（連結）から主な数値を見てみると、表3.10および表3.11のようになります。このうち、2002～2004年3月期の数値を取り出して各種の指標を計算し、収益性や安全性がどのように変化したかを見てみましょう。

▼表3.10　日産自動車の損益計算書（連結）の主要な数値

	2002年3月期 （億円）	2003年3月期 （億円）	2004年3月期 （億円）	2005年3月期 （億円）
①売上高	61,962	68,286	74,292	85,763
②営業利益	4,892	7,372	8,249	8,612
③経常利益	4,147	7,101	8,097	8,557
④当期純利益	3,723	4,952	5,037	5,123

▼表3.11　日産自動車の貸借対照表（連結）の主要な数値

		2002年3月期 （億円）	2003年3月期 （億円）	2004年3月期 （億円）	2005年3月期 （億円）
資産	⑤流動資産	35,173	37,001	37,670	51,394
	⑥当座資産	25,293	26,679	28,608	38,785
	⑦固定資産	36,951	36,470	40,913	47,081
	⑧資産合計	72,150	73,492	78,599	98,485
負債	⑨流動負債	30,080	29,218	31,025	39,747
	⑩固定負債	25,089	25,306	26,296	31,514
資本	⑪資本	16,208	18,083	20,240	24,658

※⑤＋⑦に繰延資産（2005年では11億円）を加えた合計が⑧になる。
　⑨＋⑩＋⑪に少数株主持分（2005年では2,567億円）を加えた合計が⑧になる。

3.5 指標の推移を見て判断する

■売上や利益の伸びを見る

まず、売上と利益の伸びをグラフ化してみると下図のようになります。

売上／利益ともに伸びていることがわかります。特に、利益の伸び方がよく、収益性が大きく改善されたことがわかります。

Point
売上の伸び（グラフの傾き）より、利益の伸びの方が大きい＝収益性の改善

▼図3.21　売上や利益が順調に伸びている

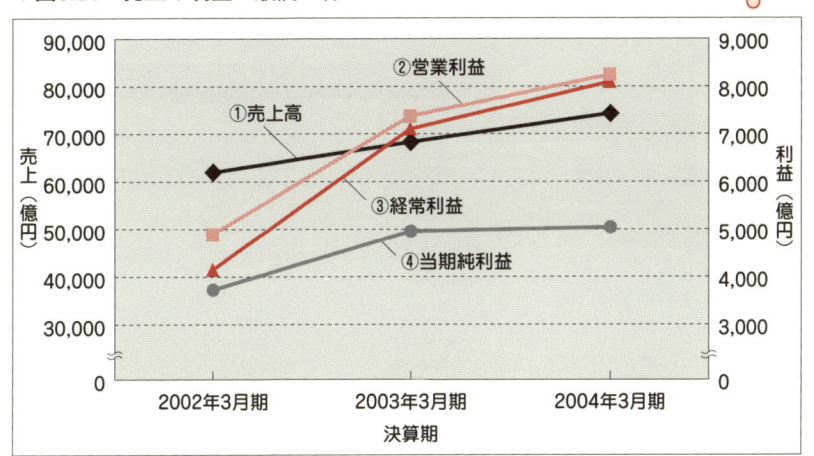

（グラフ：①売上高、②営業利益、③経常利益、④当期純利益の2002年3月期〜2004年3月期の推移）

■収益性の上がり具合を見る

上のグラフからも収益性が改善されたことがうかがえますが、さらに売上高経常利益率や売上高営業利益率などの指標を使って、収益性を判断してみましょう。

その結果は次ページの図3.22のようになりました。どの指標も上昇傾向にあり、収益性が改善されたことが数字で裏付けられています。特に、売上高営業利益率と売上高経常利益率の伸びがよくなっています。

なお、図中の表の部分に「②／①×100」などの式が入っていますが、この番号は左ページの損益計算書／貸借対照表の項目番号を表しています。この式の場合、①は売上高で②は営業利益なので、「営業利益／売上高×100」を計算することを意味しています。

▼図3.22　収益性が改善傾向にある

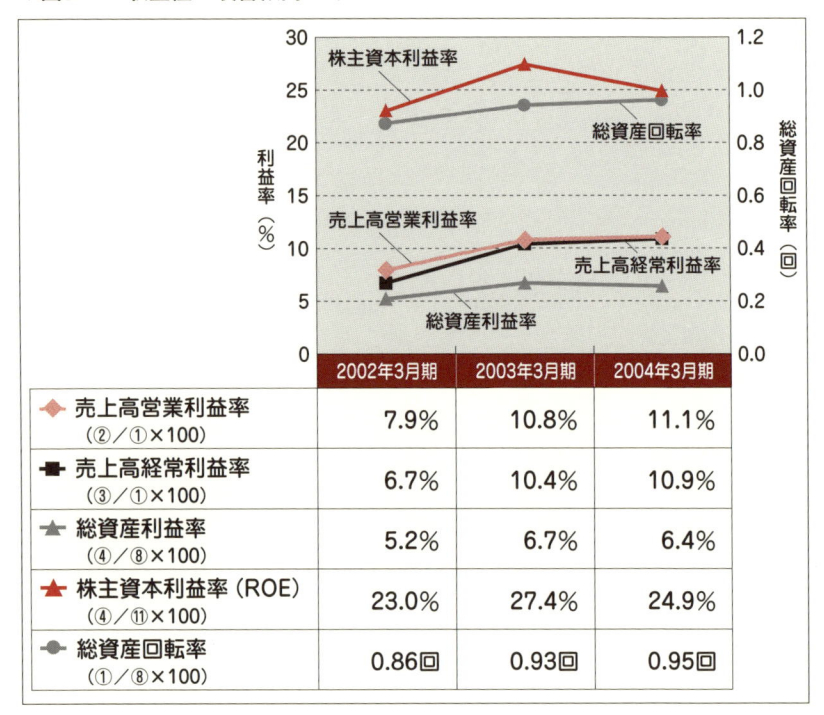

	2002年3月期	2003年3月期	2004年3月期
◆ 売上高営業利益率 （②／①×100）	7.9%	10.8%	11.1%
■ 売上高経常利益率 （③／①×100）	6.7%	10.4%	10.9%
▲ 総資産利益率 （④／⑧×100）	5.2%	6.7%	6.4%
★ 株主資本利益率（ROE） （④／⑪×100）	23.0%	27.4%	24.9%
● 総資産回転率 （①／⑧×100）	0.86回	0.93回	0.95回

■ 安定性の上がり具合を見る

　次に、安定性が上がったかどうかも見てみましょう。

　安定性を判断するための指標の中には、数値が大きくなるほどよいものと、小さくなるほどよいものがありますので、それぞれに分けてみます。

　数値が大きくなるほどよいものとしては、自己資本比率／流動比率／当座比率があります。それらを計算してグラフ化してみると、図3.23のようになります。流動比率はいったん上がった後やや下がっていますが、残りの2つは上昇傾向で、全体的には改善していることがわかります。

　また、数値が小さくなるほどよいものとしては、固定比率や固定長期適合比率があります。それらをグラフ化して計算すると、図3.24のようになります。2003年から2004年にかけては横ばいですが、2002年から2003年にかけては数値が下がっていて、これらの面でも改善傾向だったことがわかります。

3.5 指標の推移を見て判断する

▼図3.23　自己資本比率／流動比率／当座比率が改善傾向にある

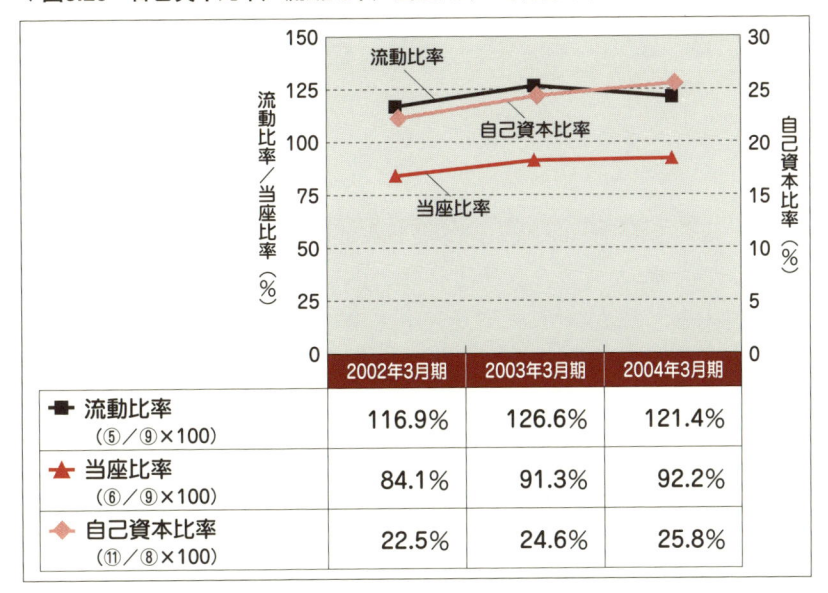

	2002年3月期	2003年3月期	2004年3月期
流動比率 (⑤／⑨×100)	116.9%	126.6%	121.4%
当座比率 (⑥／⑨×100)	84.1%	91.3%	92.2%
自己資本比率 (⑪／⑧×100)	22.5%	24.6%	25.8%

▼図3.24　固定比率と固定長期適合比率は2002年から
　　　　　2003年にかけて改善が進んだ

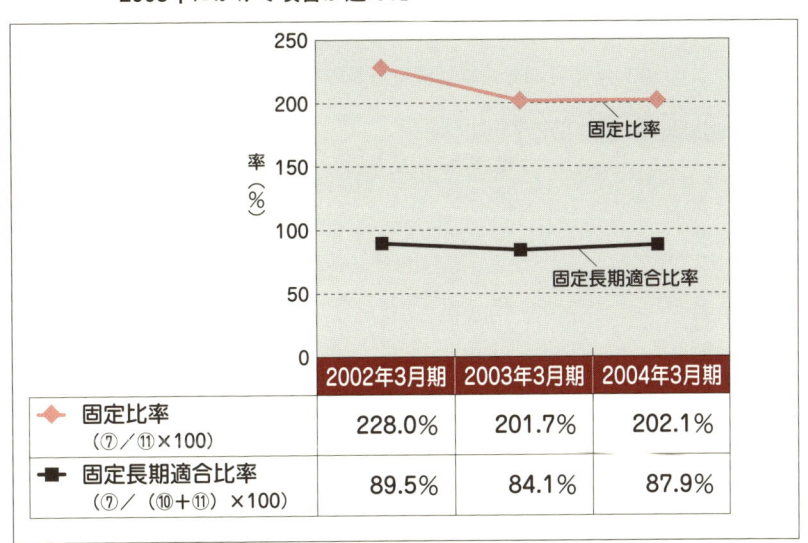

	2002年3月期	2003年3月期	2004年3月期
固定比率 (⑦／⑪×100)	228.0%	201.7%	202.1%
固定長期適合比率 (⑦／(⑩+⑪)×100)	89.5%	84.1%	87.9%

Level 3　会社で目にする数字・応用編

第3章　練習問題

■ 問題1

下の2つの表は、キヤノンの2004年12月期の連結損益計算書と連結貸借対照表から、主要な数値を取り出したものです。これをもとにして、以下の収益性の指標を計算をしてください。

▼キヤノンの2004年12月期の連結損益計算書の主要数値

項目	額（億円）
売上高	34,679
営業利益	5,438
経常利益	5,521
当期純利益	3,433

▼キヤノンの2004年12月期の連結貸借対照表の主要数値

項目	額（億円）
総資産	35,870
流動資産	22,322
当座資産	14,921
固定資産	13,549
流動負債	9,832
固定負債	2,072
資本（株主資本）	22,099

:問題1-1:

売上高営業利益率を計算してください。

問題1-2

売上高経常利益率を計算してください。

問題1-3

総資産回転率を計算してください。

問題1-4

総資産利益率を計算してください

問題2

先ほどのキヤノンの決算書の主要数値（前ページの表）をもとに、以下の安定性の指標を計算してください。

問題2-1

自己資本比率を計算してください。

問題2-2

流動比率を計算してください。

問題2-3

当座比率を計算してください。

問題2-4

固定比率を計算してください。

問題2-5

固定長期適合比率を計算してください。

問題3

キヤノンの2003年12月期末の株価は4,990円、発行済み株式数は8億7,973万株でした。また、03年12月期の当期純利益は2,757億円、資本（株主資本）は18,655億円でした。これらの数値から以下の投資指標を計

算してください。

問題3-1
PER（2003年決算時点）を計算してください。

問題3-2
PBR（決算時点）を計算してください。

問題3-3
ROEを計算してください。

問題4

次の表は、2003年12月期と2004年12月期の連結損益計算書から、主な数値を取り出したものです。これを使って、以下を計算してください。

▼キヤノンの2003・2004年12月期の連結損益計算書の主要数値

項目	2003年12月期（億円）	2004年12月期（億円）
売上高	31,981	34,679
営業利益	4,544	5,438
経常利益	4,482	5,521
当期純利益	2,757	3,433

問題4-1
2004年12月期の増収率を計算してください。

問題4-2
2004年12月期の経常増益率を計算してください。

問題4-3
2004年12月期の売上高経常利益率が、2003年12月期に比べて何％伸びたかを計算してください。

第3章　解答

■ 問題1

問題1-1

$$\text{売上高営業利益率} = \frac{\text{営業利益}}{\text{売上高}} \times 100 = \frac{5,438\text{億円}}{34,679\text{億円}} \times 100 = 15.7\%$$

問題1-2

$$\text{売上高計上利益率} = \frac{\text{経常利益}}{\text{売上高}} \times 100 = \frac{5,521\text{億円}}{34,679\text{億円}} \times 100 = 15.9\%$$

問題1-3

$$\text{総資産回転率} = \frac{\text{売上高}}{\text{総資産}} = \frac{34,679\text{億円}}{35,870\text{億円}} = 0.97\text{回}$$

問題1-4

$$\text{総資産利益率} = \frac{\text{当期純利益}}{\text{総資産}} \times 100 = \frac{3,433\text{億円}}{35,870\text{億円}} \times 100 = 9.6\%$$

■ 問題2

問題2-1

$$\text{自己資本比率} = \frac{\text{資本}}{\text{総資産}} \times 100 = \frac{22,099\text{億円}}{35,870\text{億円}} = 61.6\%$$

問題2-2

$$\text{流動比率} = \frac{\text{流動資産}}{\text{流動負債}} \times 100 = \frac{22,322\text{億円}}{9,832\text{億円}} = 227.0\%$$

問題2-3

$$\text{当座比率} = \frac{\text{当座資産}}{\text{流動負債}} \times 100 = \frac{14,921\text{億円}}{9,832\text{億円}} = 151.8\%$$

Level 3　会社で目にする数字・応用編

問題2-4

$$\text{固定比率} = \frac{\text{固定資産}}{\text{資本}} \times 100 = \frac{13{,}549\text{億円}}{22{,}099\text{億円}} = 61.3\%$$

問題2-5

$$\text{固定長期適合比率} = \frac{\text{固定資産}}{\text{資本}+\text{固定負債}} \times 100$$

$$= \frac{13{,}549\text{億円}}{22{,}099\text{億円}+2{,}072\text{億円}} = 56.1\%$$

問題3

問題3-1

まず1株益を計算し、それからPERを計算します。

$$1\text{株益} = \frac{\text{当期純利益}}{\text{発行済み株式数}} = \frac{2{,}757\text{億円}}{8\text{億}7{,}973\text{万株}} = 313.4\text{円}$$

$$\text{PER} = \frac{4{,}990\text{円}}{313.4\text{円}} = 15.92\text{倍}$$

問題3-2

まず1株当たり株主資本を計算し、それからPBRを計算します。

$$1\text{株当たり株主資本} = \frac{\text{株主資本}}{\text{発行済み株式数}} = \frac{18{,}655\text{億円}}{8\text{億}7{,}973\text{万株}} = 2{,}120.5\text{円}$$

$$\text{PBR} = \frac{\text{株価}}{1\text{株当たり株主資本}} = \frac{4{,}990\text{円}}{2{,}120.5\text{円}} = 2.35\text{倍}$$

問題3-3

$$\text{ROE} = \frac{\text{当期純利益}}{\text{株主資本}} \times 100 = \frac{2{,}757\text{億円}}{18{,}655\text{億円}} \times 100 = 14.8\%$$

■ **問題4**

▪ **問題4-1** ▪

$$増収率 = \left(\frac{今期(2004年12月期)売上高}{前期(2003年12月期)売上高} - 1\right) \times 100$$

$$= \left(\frac{34,679億円}{31,981億円} - 1\right) \times 100 = 8.4\%$$

▪ **問題4-2** ▪

$$経常増益率 = \left(\frac{今期(2004年12月期)経常利益}{前期(2003年12月期)経常利益} - 1\right) \times 100$$

$$= \left(\frac{5,521億円}{4,482億円} - 1\right) \times 100 = 23.2\%$$

▪ **問題4-3** ▪

まず、2003年12月期と2004年12月期の売上高経常利益率を計算します。

$$2003年12月期の売上高経常利益率 = \frac{4,482億円}{31,981億円} \times 100 = 14.0\%$$

$$2004年12月期の売上高経常利益率 = \frac{5,521億円}{34,679億円} \times 100 = 15.9\%$$

これらから、2004年12月期の売上高経常利益率の伸びは、

$$15.9\% - 14.0\% = 1.9\%$$

となります。

COLUMN キヤノンは優良企業

　キヤノンは日本を代表する優良企業といわれています。この問題で求めた指標を見ると、収益性／安定性のどの指標も優れていて、優良企業と呼ぶにふさわしいことがわかります。

第4章

会社数字を個人に応用する

第2章と第3章では決算書の見方や分析方法を解説してきましたが、個人の決算書を作って、人生の計画に役立てることも考えられます。
第4章では、会社数字を個人に応用して、自分の決算書を作ったり、人生の資金計画を立てたりする方法を解説します。

4.1 個人の損益計算書を作る

基本は「費用＋利益＝収益」

「個人の決算書を作る」といわれると、何か難しく感じられるかもしれません。確かに、決算書を厳密に作ろうと思えば、日々のお金の動きを複式簿記で記録することが必要です。しかし、大まかな決算書を作るだけなら、そこまで細かく作業する必要はありません。

損益計算書のもっとも基本となる考え方は、表の左半分に費用、右半分に収益をまとめ、その差額が利益となる、というものです。個人の損益計算書も、この考え方をベースにして作ることができます。

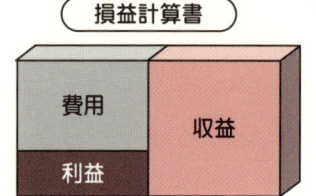

◀図4.1　損益計算書の基本は「費用＋利益＝収益」

まず「可処分所得」を求める

個人の損益計算書を作るには、まず「可処分所得」を求めることからはじめます。

■可処分所得とは？

会社の損益計算書では、売上高から各種の費用を引き、最後に税金を引くことで、当期純利益が求められました。実際、そのようにして税金を求めて、決算後に法人税などを納税するという順序になります。

一方、会社員の場合は所得税は給与から天引きされ、1年が終わる前に先

4.1 個人の損益計算書を作る

に納税しています。手もとに残るのは、給与から所得税などを引いた残りです。そこで、天引きされる額をあらかじめ引いておき、手取の収入をベースにして、損益計算書を作る方がわかりやすいですね。ここで出てくるのが、**可処分所得**という考え方です。

可処分所得とは、「自分で好きなように使い道（処分）を決められる所得」のことで、何も引いていない給与収入から、税金と社会保険料を引いたものが、可処分所得になります（図4.2）。

なお、給与からは、税金と社会保険料だけでなく、他のものも天引きされていることがあります。それらは、可処分所得を計算する際には給与収入から引きません。

例えば、生命保険料が天引きされている人は多いことでしょう。ただ、生命保険はやめようと思えばやめられますので、「自分で使い道を決めることができる」と考えることができます。そのため、生命保険料が天引きされていても、その分は給与収入から引かないわけです。

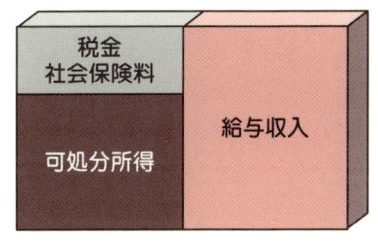

◀図4.2　可処分所得は給与収入から税金と社会保険料を引いたもの

■ 可処分所得の求め方

上で述べたように、可処分所得は給与収入から税金と社会保険料を引いて求めます。

給与明細や賞与明細を全部とってあれば、給与収入／税金／社会保険料の額がはっきりとわかりますので、それらの値を使って可処分所得を求めることができます。一方、明細が残っていない場合は、税金と社会保険料を大まかに計算し、そこから可処分所得を求めます。その流れは次ページの図4.3のようになります。

まず、社会保険料を先に求めます。政府管掌健康保険に加入している人の場合は、2005年5月時点で各種の社会保険料率を合計すると約12％にな

ります（※1）。この率を給与収入に掛け算すれば、社会保険料の概算額が求められます。

次に税金を求めます。税金には所得税と住民税がありますが、給与収入から所得税を求める手順は、第1章の年末調整のところで解説しています（39ページ参照）。また、住民税の大体の額を求めるには、所得税と同じ手順で課税所得を求め、それに住民税の税率を掛けます（※2）。

▼図4.3　可処分所得を求める流れ

●社会保険料の計算
①給与収入 × 社会保険料率 = ②社会保険料

●課税所得の計算
①給与収入 × 給与所得控除額の率 = ③給与所得控除額
①給与収入 − ③給与所得控除額 = ④給与所得
④給与所得 − 所得控除 = ⑤課税所得

●税金の計算
⑤課税所得 × 所得税の税率 = ⑥所得税
⑤課税所得 × 住民税の税率 = ⑦住民税

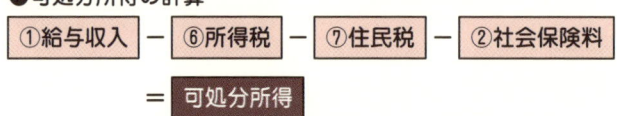

●可処分所得の計算
①給与収入 − ⑥所得税 − ⑦住民税 − ②社会保険料
= 可処分所得

この手順で可処分所得を求めると、通常は給与収入の80％～90％ぐらいの額になります。

※1【社会保険料の合計】
　健康保険（政管健保）＝8.2％÷2＝4.1％、厚生年金＝13.934％÷2＝6.967％（2005年8月まで、その後の保険料率は20ページの図1.9を参照）、雇用保険（一般の職種）＝0.8％で、合計すると11.867％です。ただし、厚生年金は今後徐々に上がっていきますし、40歳以上の人は介護保険もありますので、それらの点も考慮する必要があります。

4.1 個人の損益計算書を作る

■ 可処分所得の計算例

それでは、可処分所得を計算する例を1つ紹介しましょう。年収が600万円で、家族は妻（専業主婦）と子供2人（15歳以下）という人を例にします。

まず、給与所得控除額と所得控除を求めます。給与所得控除額は、33ページの表から、以下のように求められます。

$$給与所得控除額＝600万円×20％＋54万円＝174万円$$

この人が受けられる所得控除は、表4.1のようになります。専業主婦の配偶者がいるので、配偶者控除を受けることができます。また、15歳以下の子供が2人いるので、扶養控除を2人分受けることができます。そして、社会保険料は全額が社会保険料控除になります。これらの控除の詳細については、42ページ以降を参照してください。

これらをもとに、先ほど解説した手順で可処分所得を求めると、次ページの図4.4のように約498万円になります。なお、所得税／住民税の税率は、それぞれ39ページ／25ページを参照してください。

▼表4.1　ある人の所得控除の例

種類	額
基礎控除	38万円
配偶者控除	38万円
扶養控除（子供2人）	76万円
社会保険料控除	社会保険料全額
合計	152万円＋社会保険料全額

※2【所得税と住民税の課税所得の違い】
　所得税は当年の所得から計算しますが、住民税は前年の所得から計算します。また、所得税と住民税とでは、所得控除の額も違います。そのため、所得税計算の際の課税所得に、住民税の税率を掛けても、正しい住民税額にはなりません。ただ、その方法でも大体の額はわかりますので、その方法で求めています。

▼図4.4　可処分所得の計算例

●社会保険料の計算

①給与収入 600万円 × 社会保険料率 12％ = ②社会保険料 72万円

●課税所得の計算

①給与収入 600万円 × 給与所得控除額の率 20％＋54万円
　　　　　　　　　　　　= ③給与所得控除額 174万円

①給与収入 600万円 － ③給与所得控除額 174万円 = ④給与所得 426万円

④給与所得 426万円 － 所得控除 152万円＋72万円 = ⑤課税所得 202万円

●税金の計算

⑤課税所得 202万円 × 所得税の税率 10％ ＝ ⑥所得税 20.2万円

⑤課税所得 202万円 × 住民税の税率 10％－10万円 = ⑦住民税 10.2万円

●可処分所得の計算

①給与収入 600万円 － ⑥所得税 20.2万円 － ⑦住民税 10.2万円
　　　－ ②社会保険料 72万円 = 可処分所得約 498万円

費用を見積もる

　次に、1年間でかかった費用を見積もります。一般的な個人だと、費用としては下図のようなものがあります。

　住居費や保険料は月々の額がはっきりしていますので、年額も明確に出すことができます。また、教育費も比較的はっきりと額を出すことができるでしょう。

　問題は生活費です。これは、家計簿をつけていない限りは、明確には出すことができません。月当たりの大体の生活費を見積もって、それを12倍して年額を出すようにします。

▼図4.5　個人の費用

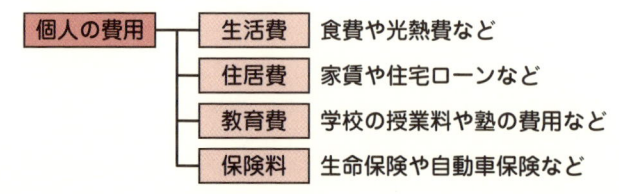

個人の費用
- 生活費　食費や光熱費など
- 住居費　家賃や住宅ローンなど
- 教育費　学校の授業料や塾の費用など
- 保険料　生命保険や自動車保険など

■「その他の支出」を入れる

　会社の場合、売上から費用を引いた後の最終的な利益は、一部は株主への配当などに回りますが、残りは次年度以降に備えて企業内に積み立てられます。

　一方の個人の場合も、可処分所得から各種の費用を引いた後の額は、将来に備えて預貯金に回るはずです。つまり、会社の損益計算書での「利益」は、個人の損益計算書では預貯金に相当することになり、以下のような関係が成り立つはずです。

> 可処分所得－費用＝預貯金

　例えば、可処分所得が500万円で、費用の見積りが400万円だとしましょう。すると、500万円－400万円＝100万円が預貯金となります。

　ところが、このようにして求めた預貯金の額と、実際の預貯金の額を比べてみると、通常は実際の預貯金額の方が少ないものです。上の式の例では年間に100万円貯金できたことになりますが、実際にそんなに貯金できている人はそうはいないことでしょう。

　つまり、費用の見積りの中で漏れている項目があるために、実際の預貯金の額と合わなくなります。例えば、「ちょっとレジャーに出かけた」とか、「テレビを買い換えた」といった支出が、見積りから抜けています。

　そこで、その抜けている額を「その他支出」として、費用に計上します。式で表すと、以下のとおりです。

> その他支出＝可処分所得－見積もった費用－実際の預貯金額

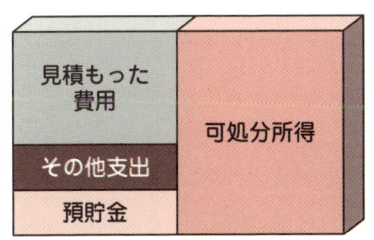

◀図4.6　可処分所得から費用の見積り額を引いた額と、預貯金との差額は、その他費用として計上する

損益計算書の完成

ここまでの手順で、収入と費用がすべて出てきました。後は、表の左半分に費用、右半分に収入をまとめ、その差額を預貯金額として、個人の損益計算書が出来上がります。例えば、ある人の可処分所得が500万円で、費用の内訳が表4.2のようになっていれば、損益計算書は図4.7のようになります。

▼表4.2　ある人の費用の内訳の例

種類	額
生活費	180万円
住居費	120万円
教育費	50万円
保険料	30万円
その他支出	100万円
合計	480万円

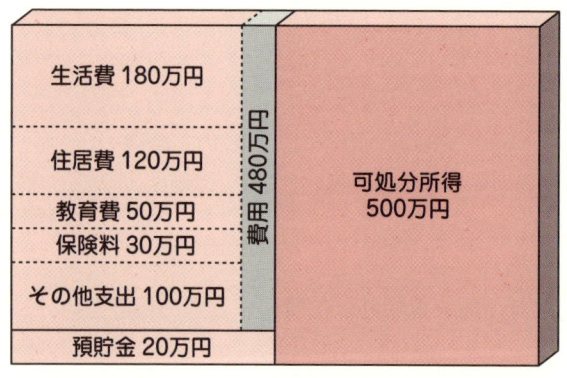

◀図4.7　個人の損益計算書の例

COLUMN 「その他支出」がポイント

個人の損益計算書を作ってみると、「その他支出」が意外に大きな額になることがわかります。家計を見直す際には、この部分の支出を意識するようにして、無駄を省くことがポイントになります。

4.2 個人の貸借対照表を作る

基本は「資産＝負債＋資本」

損益計算書に続いて、今度は個人の貸借対照表を作ってみましょう。これも、厳密に作るには複式簿記が必要ですが、大まかな貸借対照表を作るだけなら、そこまでする必要はありません。

貸借対照表は、資産と負債および資本の関係を表したもので、表の左半分に資産、右半分に負債と資本をまとめます。また、「資産＝負債＋資本」の関係が成り立ちます。

個人の貸借対照表も、同じ考え方で作ることができます。自分の資産と負債をリストアップし、それぞれを表の左半分と右半分に書きます。そして、資産と負債の差額が、正味の財産（＝資本）になります。

▼図4.8 貸借対照表の基本は「資産＝負債＋資本」

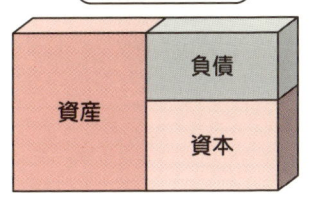

個人貸借対照表も会社の場合と同じなんだね

COLUMN 定期的に決算書を作ろう

会社は毎年決算書を作りますが、個人でもなるべく定期的に自分の決算書を作ってみることをお勧めします。決算書を通して、家計の問題点や、これからの改善点を考えることができます。

▌資産をリストアップする

まず、手持ちの資産をリストアップして、貸借対照表の左半分に書いていきます。

■流動資産と固定資産に分ける

会社の資産は、主に流動資産と固定資産に分類することができました。流動資産／固定資産の違いは、大まかにいえば、長期的に持ち続けるのかどうか、また現金化しやすいかどうかということで決まります。

個人の資産でも同様で、流動資産と固定資産に分類することができます。下図のように分類するといいでしょう。

▼図4.9　個人の資産を流動資産と固定資産に分類する

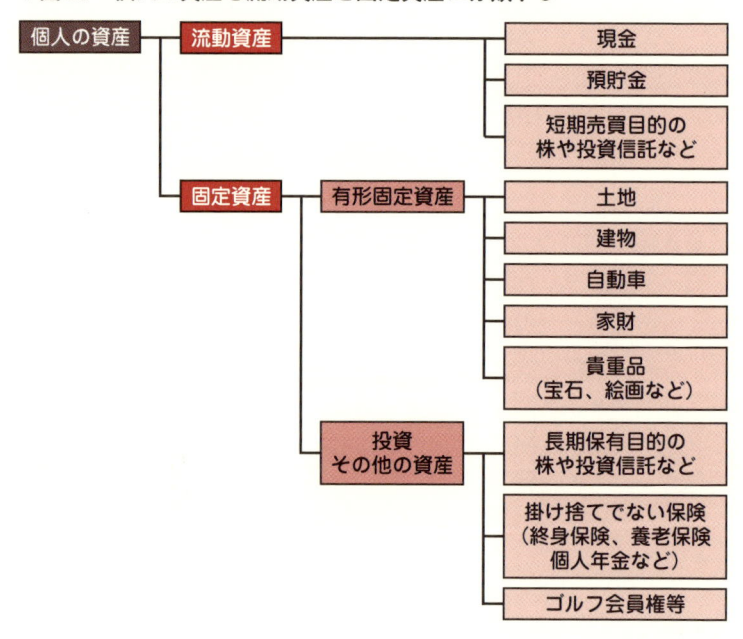

```
個人の資産 ─┬─ 流動資産 ─┬─ 現金
            │             ├─ 預貯金
            │             └─ 短期売買目的の
            │                株や投資信託など
            └─ 固定資産 ─┬─ 有形固定資産 ─┬─ 土地
                          │                 ├─ 建物
                          │                 ├─ 自動車
                          │                 ├─ 家財
                          │                 └─ 貴重品
                          │                    （宝石、絵画など）
                          └─ 投資
                             その他の資産 ─┬─ 長期保有目的の
                                             │  株や投資信託など
                                             ├─ 掛け捨てでない保険
                                             │  （終身保険、養老保険
                                             │   個人年金など）
                                             └─ ゴルフ会員権等
```

■資産の額を見積もる

次に、それぞれの資産の金額を見積もります。金額は時価で出すようにします。現金や預貯金の時価は明らかですが、土地などは時価がはっきりとはしませんので、大体の金額を出すようにします。

①不動産の時価

土地や建物は、不動産屋の広告を見るなどして、周りの不動産がどのぐらいの値段で売られているかをチェックし、大まかな見積りを立てます。

ただし、建物は時間が経つにつれて価値が下がっていきます。日本では、住宅の耐用年数は平均で26年程度だそうですので、その頃には価値が0になると考えるべきでしょう。また、建物は「買ったときから価値が下がる」ともいわれます。

▼図4.10 建物の価値は買ったときから下がり、その後も徐々に下がっていく

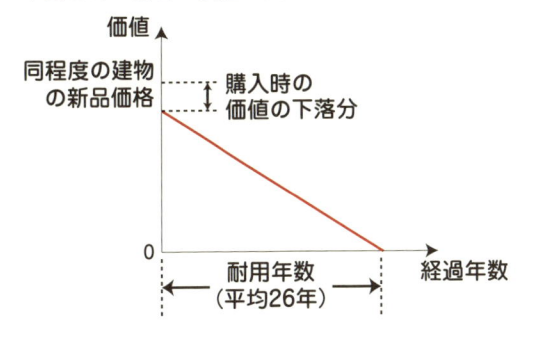

これらの分の値下がりも考慮して、現在の時価を大まかに出すには、以下のような式で計算するといいでしょう。

$$時価 = \frac{同程度の建物の新品価格} \times (1 - 購入時の下落率) \times \left(1 - \frac{現在までの経過年数}{耐用年数}\right)$$

例えば、自分の家と同程度の家が、現在2,000万円で売られているとします。また、自分の家は購入から10年が経過しているとします。そして、購入時の価値の値下がり率を20%、耐用年数を25年とします。すると、自分の家の大体の時価は、以下のように計算することができます。

$$時価 = 2,000万円 \times (1 - 0.2) \times \left(1 - \frac{10年}{25年}\right) = 960万円$$

②保険の時価

　生命保険や個人年金に入っている人は多いかと思います。掛け捨ての保険（定期保険）は、解約してもほとんどお金は戻ってきませんので、資産とは考えないことにします。一方、解約すればお金が戻ってくる保険は、資産の一部と考えます。終身保険、養老保険、個人年金保険などが、資産に該当することになります。

　解約時に戻ってくるお金のことを、「解約返戻金」（かいやくへんれいきん）と呼びます。解約返戻金は、保険会社に問い合わせればわかります。

③その他の時価

　家財や自動車も資産と考えられます。自動車は、中古として売ったと仮定して、大体の金額を見積もります。家財はリサイクルショップなどで売ることもできますが、あまりお金にはならないので、少なめに見積もっておくといいでしょう。

　その他、宝石などの貴重品や、ゴルフ会員権などを持っている人は、それも時価でどのぐらいになるかを見積もってみます。

負債をリストアップする

　資産を全部把握したら、今度は負債をリストアップします。負債は流動負債と固定負債に分けられますが、個人の場合は固定負債がほとんどになると思われます。

　まず、住宅ローンがもっとも大きな固定負債になると思われます。住宅ローンの償還表から、現在のローンの残高を求めます。また、そのほかにローンを組んでいる人は、そのローンの残高が負債に入ります。自動車ローンや教育ローンなどが該当します。

　一方、短期の分割払いで物を買ったりした場合、その残高は流動負債と考えられるでしょう。

貸借対照表を作る

　資産と負債をリストアップしたら、資産を表の左半分、負債を右半分に入れて、貸借対照表を作ります。

　例えば、資産と負債の内訳が以下のようになっているとしましょう。

4.2 個人の貸借対照表を作る

・資産の内訳
　預貯金：500万円、株（長期保有目的）：100万円、自動車：50万円、家財：50万円、保険：200万円、土地：1,000万円、建物：600万円

・負債の内訳
　住宅ローン：2,000万円

この場合、貸借対照表は図4.11のようになります。

▼図4.11　個人の貸借対照表の例

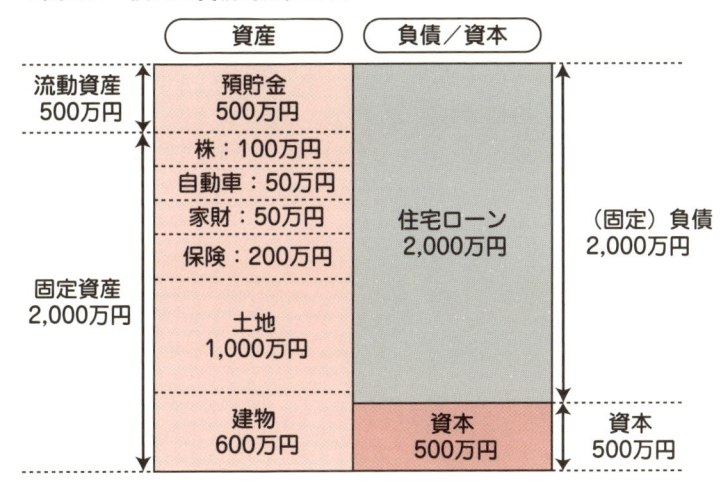

資産	負債／資本
流動資産 500万円：預貯金 500万円	住宅ローン 2,000万円（（固定）負債 2,000万円）
固定資産 2,000万円：株 100万円、自動車 50万円、家財 50万円、保険 200万円、土地 1,000万円、建物 600万円	資本 500万円

安定性の指標を計算してみる

第3章で、会社の安定性を分析するための指標をいくつか紹介しましたが、個人の貸借対照表でも、それらの指標を計算して、安定性を考えることができます。

例えば、上の図4.11の貸借対照表の場合だと、以下のような指標を計算することができます。

$$自己資本比率 = \frac{資本}{資産} \times 100 = \frac{500万円}{2,500万円} \times 100 = 20\%$$

$$固定比率 = \frac{固定資産}{資本} \times 100 = \frac{2,000万円}{500万円} \times 100 = 400\%$$

$$固定長期適合比率 = \frac{固定資産}{資本 + 固定負債} \times 100$$

$$= \frac{2,000万円}{500万円 + 2,000万円} \times 100 = 80\%$$

　負債の住宅ローンが大きいので、自己資本比率は20％と低い値になり、固定比率は400％と高い値になっています。会社で考えれば、好ましいとはいえない状況です。

　住宅ローンの返済が進めば、負債は減っていきますので、自己資本比率なども改善していきます。ただ、車を買い換えるなどすれば、さらに負債が積み上がることになり、自己資本比率などが悪化することもあり得ます。

　負債が多ければ、それに対する利息も多くかかり、家計を圧迫します。住宅ローンを見直すなどして、なるべく早くローンを返済することを検討することも必要でしょう。

COLUMN　住宅ローンの見直し

　住宅ローンを見直して残高を減らす方法としては、「繰り上げ返済」と「借り換え」があります。

　繰り上げ返済は、まとまった額を一度に返済して、その後の月々の返済額を下げたり、返済期間を短縮したりする方法です。一方の借り換えは、高い金利から低い金利のローンに借り換えて、利息を節約する方法です。

　住宅ローンの利息は、トータルで見れば非常に高額になります。利率が高いローンや、期間の長いローンでは、借りた額に匹敵する利息を支払うことになることもあります。

　そのため、住宅ローンをうまく見直すことで、人生全体を通して数百万円もの節約ができることがあります。住宅ローンがある人は、定期的にローンを見直すことをお勧めします。

4.3 長期間の資金計画を立てる

自分の人生は自分で考えよう

バブル崩壊後の日本は、経済的に厳しい状況が続いています。そのような中で、国や会社にはもはや個人を守る余裕はありません。自分の人生は、自分で考えて作り上げていくことが必要です。

人生を考える上で、資金繰りは非常に重要なポイントです。あいまいに考えていると、いつの間にかお金が足りなくなってしまいます。特に、人生の節目では大きな費用がかかることが多いものですが、そういったことに備えて資金計画を立てて、人生を乗り切っていきたいものです。

ここでは、そのための基本的な考え方を紹介します。

人生の中の大きな出来事を表にまとめる

上でも述べたように、人生には結婚、出産、進学といった節目がありますが、それらのことをライフイベント（Life Event）と呼びます。

人生の計画を立てるには、まず自分や家族のライフイベントを整理して、表にまとめることから始めます。この表のことを、ライフイベント表と呼びます。

ライフイベント表の例

例えば、2005年時点で自分が35歳で妻が33歳、子供が5歳と3歳という家族があるとしましょう。その家族のライフイベント表を作ると、次ページの表4.3のようになります。

表の一番上には年を入れます。西暦と和暦の両方を入れておくとわかりやすいでしょう。その下の部分には、家族の年齢を入れます。そして、その下に家族それぞれのライフイベントや、家族全体のライフイベントを入れていきます。家族全体のものとしては、「旅行に行く」「車を買う」「家を買う」といったことがあげられます。

例えば、2007年には上の子供が7歳になり、小学校に進学します。そこで、2007年の「子1」のライフイベント欄に、「小学校進学」と入れます。また、2008年の「家族」の「車買い換え」や、2009年の「妻」の「パート開始」などのように、予定として考えていることも、すべてライフイベント表に入れます。

▼表4.3　ライフイベント表の例

西暦		2005	2006	2007	2008	2009
平成		17	18	19	20	21
年齢	自分	35	36	37	38	39
	妻	33	34	35	36	37
	子1	5	6	7	8	9
	子2	3	4	5	6	7
ライフイベント	自分					
	妻					パート開始
	子1			小学校進学		
	子2		幼稚園入園			小学校進学
	家族				車買い換え	

毎年の収支を見積もって資金繰りを計画する

　ライフイベント表ができたら、それをもとにして毎年の収支を見積もり、資金繰りを計画していきます。

　長期間に渡って、お金の出入りを見積もって表にしたもののことを、キャッシュフロー表と呼びます。キャッシュフロー表を作ってみることで、資金計画に無理がないかどうか、また今後の生活をどう見直していけばいいか、といったことを判断します。

　なお、キャッシュフロー表は、通常はライフイベント表と合わせて作ります。そこで、ライフイベント表の下にキャッシュフロー表を続けて書くようにします（図4.12）。

4.3 長期間の資金計画を立てる

▼図4.12 ライフイベント表の下にキャッシュフロー表を書く

	年	2005年	2006年	2007年	…
ライフイベント表	家族の年齢				
	家族のライフイベント				
キャッシュフロー表	収入				
	支出				
	収支（＝預貯金）				
	金融資産残高				

■収入／支出／貯蓄額を記入する

キャッシュフロー表には、それぞれの年の収入（可処分所得）／支出／貯蓄の額を入れていきます。146ページ以降で個人の損益計算書を作りましたが、それをベースにするといいでしょう。

支出は、生活費／住居費／教育費／保険料／その他支出などに分けます。また、車を買うなど、特定の年だけの支出もありますが、それは「一時的支出」として分けておきます。

ただし、可処分所得や支出はずっと一定ということはありません。子供が進学すると教育費が変わりますし、妻がパートに出れば収入が増えます。それらを考慮して、長期的な可処分所得／支出を見積もっていきます。

■金融資産残高を求める

さらに、それぞれの年の金融資産（預貯金など）の残高も入れます。今年の金融資産残高は、前年の金融資産に運用益がつき、さらに今年の預貯金額をプラスする、という考え方で求めます。

運用益は、前年の金融資産残高に、運用率を掛け算すれば求められます。その額と、今年の預貯金額をプラスして、今年の残高を求めます（図4.13：次ページ）。

また、今年の預貯金額は、151ページで述べたように、収入から支出を引いた額になります。

例えば、前年の金融資産残高が500万円で、運用率が1％、今年の預貯金額が20万円だとすると、今年の金融資産残高は以下のように計算します。

今年の金融資産残高
　　　＝前年の金融資産残高×(1＋運用率)＋今年の預貯金額
　　　＝500万円×(1＋0.01)＋20万円
　　　＝525万円

▼図4.13　金融資産残高の求め方
●運用益
　①前年の金融資産残高 × 運用率 ＝ ②運用益

●今年の金融資産残高
　今年の金融資産残高
　＝ ①前年の金融資産残高 ＋ ②運用益 ＋ ③今年の貯蓄額
　＝ ①前年の金融資産残高 ＋ ①前年の金融資産残高 × 運用率 ＋ ③今年の貯蓄額
　＝ ①前年の金融資産残高 ×(1＋運用率) ＋ ③今年の貯蓄額

キャッシュフロー表の例

　160ページの表4.3の家族を例に取って、2009年までのキャッシュフロー表を作ってみることにしましょう。

　2005年時点で、可処分所得は500万円あり、支出は下表のようになっていたものとします。また、2004年末時点で金融資産残高は500万円あり、運用率は年1％であるとします。これらのデータをもとに、キャッシュフロー表を実際に作ると、右ページのようになります。

▼表4.4　家庭の支出の例

種類	額
生活費	200万円
住居費	120万円
教育費（幼稚園）	25万円
保険料	30万円
その他支出	80万円
合計	455万円

4.3 長期間の資金計画を立てる

▼表4.5 キャッシュフロー表の例

	西暦	2005	2006	2007	2008	2009
	平成	17	18	19	20	21
年齢	自分	35	36	37	38	39
	妻	33	34	35	36	37
	子1	5	6	7	8	9
	子2	3	4	5	6	7
ライフイベント	自分					
	妻					パート開始
	子1			小学校進学		
	子2		幼稚園入園			小学校進学
	家族				車買い換え	
収入	自分	500	500	500	500	500
	妻					100
支出	生活費	200	200	200	200	200
	住居費	120	120	120	120	120
	教育費	25	50	35	35	20
	保険料	30	30	30	30	30
	その他支出	80	80	80	80	80
	一時的支出				150	
収入合計		500	500	500	500	600
支出合計		455	480	465	615	450
収支（=貯蓄額）		45	20	35	-115	150
金融資産残高（運用率1％）		550	576	616	507	662

■収入を見積もる

　まず、収入を見積もります。ただ、ここ数年は昇給が少なくなっていますし、今後は厚生年金保険料などが上がっていきますので、収入は横ばいぐらいで見積もっておくといいでしょう。また、妻も働いている場合は、その収入も入れます。

　上の家族の例では、ライフイベント表より2008年までは自分だけが働く

ので、各年の自分の収入の欄に「500」と書いておきます。また、2009年から妻がパートに出るという予定にしていますので、妻のパート収入もキャッシュフロー表に入れます。この例では、パート収入を100万円としています。

■教育費を見積もる

162ページの家計の支出の表（表4.4）では、2005年時点の教育費が書かれています。ライフイベント表を見ると、2005年時点では子供2人のうち1人が幼稚園に行っていますので、年間25万円の教育費はその幼稚園の費用です。

ところが、2006年には下の子供も幼稚園に入園します。そうすると、幼稚園の教育費は2人分になり、25万円×2＝50万円になると計算できます。そこで、2006年の「教育費」の欄を「50」にしています。

2007年になると、上の子が小学校に進学します。公立の小学校なら、教育費はそれほどかからないと思われますので、年10万円と見積もります。一方、下の子供はまだ幼稚園ですので、年25万円がかかります。これらを合計して、2007年の「教育費」の欄を「35」にしています。以下同様の手順で、毎年の教育費を見積もります（図4.14）。

このように、子供の学校が変わるたびに、教育費の見積もり額を変えていきます。

なお、子供が2人以上いる場合、全員が同じ学校に行くとは限りません。特に、高校や大学は違う学校になることが多いでしょう。その場合は、それぞれの子供について、教育費を見積もることが必要です。

▼図4.14　教育費の見積もりの例

	上の子	下の子	合計
2005年	幼稚園（25万円）	未就学（0円）	25万円
2006年	幼稚園（25万円）	幼稚園（25万円）	50万円
2007年	小学校（10万円）	幼稚園（25万円）	35万円
2008年	小学校（10万円）	幼稚園（25万円）	35万円
2009年	小学校（10万円）	小学校（10万円）	20万円

4.3 長期間の資金計画を立てる

■各種の支出を見積もる

　表4.5の例では、生活費や住居費は5年間変化がありませんが、子供が増えたり、家を買って家賃が住宅ローンに変わった場合にはそれらの項目も変わってくるでしょう。支出の変化がわかった段階で、見直しをしていくようにします。

　また、家を買ったときの頭金は「一時的支出」に入れておきます。表4.5では2008年の一時的支出欄に「150」と入れていますが、これは車の買い換えにあてています。ほかにも家族で海外旅行に出かけるなど、生活費以上のまとまったお金が出ていく予定については、一時的支出に入れておきます。

■金融資産残高を求める

　最後に、162ページで解説した手順で、金融資産残高を求めます。表4.5では、運用率を1％として計算しています。

　例えば、2005年の金融資産残高は、以下のようにして計算しています。

　　2005年の金融資産残高
　　　＝2004年の金融資産残高×(1＋運用率)＋2005年の貯蓄額
　　　＝500万円×(1＋0.01)＋45万円
　　　＝550万円

✦キャッシュフロー表から家計を見直す

　長期間のキャッシュフロー表を作ってみることで、家計を見直すこともできます。また、キャッシュフロー表の中から、収入／支出／貯蓄額／金融資産残高をグラフ化してみれば、収支の関係や、金融資産残高の動きを把握しやすくなり、家計の問題点をより判断しやすくなります。

　例えば、長期間にわたって赤字（収支がマイナス）の状態が続くと、金融資産を取り崩して生活することになります。そして、それも底をついてしまえば、生活が回らなくなることになります。そのような状況が見られるようなら、生活を改善する必要があることがわかります。

163ページの表4.5のキャッシュフロー表をグラフ化すると、下図のようになります。2008年に赤字（収支がマイナス）になっていますが、車を買い換えて一時的に大きな支出が出たためであり、慢性的な赤字ではありません。当面はこの状況で大丈夫そうです。

　ただ、子供がさらに大きくなると、教育費が一段とかかるようになります。自分がキャリアアップしたり、妻にフルタイムで働いてもらうなどして、収入を上げることが必要になるでしょう。また、生活を見直して、支出を切り詰めることも検討すべきです。さらに、運用の腕を磨いて運用率を上げることも必要でしょう。

▼図4.15　キャッシュフロー表の収入／支出／貯蓄額／金融資産残高をグラフ化したもの

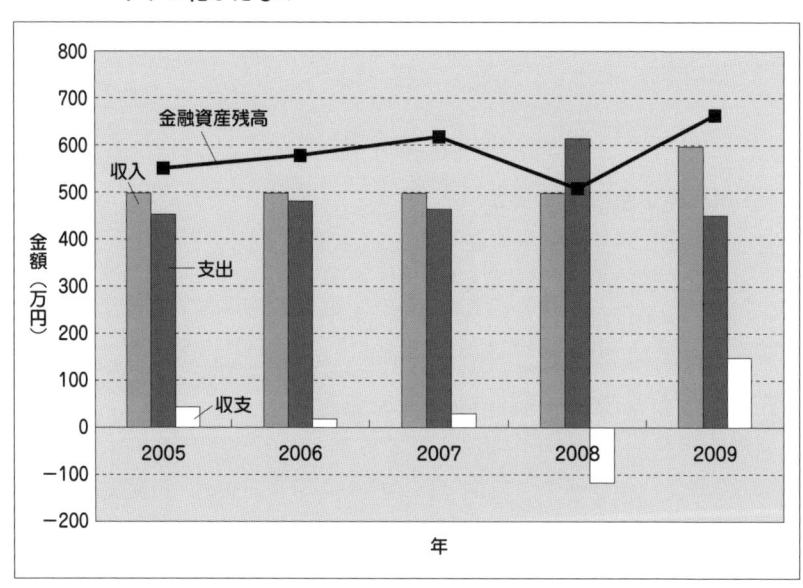

第4章 練習問題

■ 問題1

Aさんの給与収入は600万円で、家族は妻と子供2人（18歳と15歳）です。

問題1-1

Aさんの社会保険料の概算額を計算してください。保険料の率は12%とします。

問題1-2

Aさんの給与所得を計算してください。なお、給与所得控除額は33ページの表を使って計算してください。

問題1-3

Aさんの課税所得を計算してください。ただし、所得控除は基礎控除／配偶者控除／扶養控除／社会保険料控除のみ考慮します。

問題1-4

Aさんの所得税を計算してください。定率減税は考慮せず、1万円未満を四捨五入してください。なお、所得税の税率は39ページの表を参照してください。

> **HINT** 2人の子供のうち1人は18歳で、満16歳から満22歳の範囲に入りますので、特定扶養親族にあたります。

問題1-5

Aさんの住民税を計算してください。定率減税は考慮せず、1万円未満を四捨五入してください。

問題1-6

Aさんの可処分所得を計算してください。

問題2

Bさん一家の費用は、次の表のようになっているとします。また、Bさん自身の可処分所得は500万円で、Bさんの妻はパートに出ていて年収は100万円とします（妻は扶養の範囲で働いているので、社会保険料や税金はかからないものとします）。

▼Bさん一家の費用

種類	額（万円）
基本生活費	180
住居費	180
教育費	60
保険料	40

問題2-1

Bさん一家は年間で60万円を貯金しました。Bさん一家全体でのその他支出を計算してください。

問題2-2

Bさん一家全体の損益計算書を作ってください。

■ 問題3

Cさん一家の資産や負債の内訳は、以下のようになっています。

円預金：600万円、外貨預金：200万円、

自動車：50万円、家財：50万円、終身保険：300万円、

投資信託（長期保有）：200万円、家：1,000万円、

土地：1,600万円、住宅ローン：2,300万円、

自動車ローン：100万円

問題3-1

Cさん一家の貸借対照表を作ってください。その際、資産は流動資産と固定資産に分けてください。

問題3-2

Cさん一家の自己資本比率を計算してください。

問題3-3

Cさん一家の固定比率を計算してください。

問題3-4

Cさん一家の固定長期適合比率を計算してください。

■ 問題4

次ページの表は、Dさん一家のキャッシュフロー表の一部です。

問題4-1

①欄（2006年の教育費）を計算してください。なお、教育費は次の表のようになっているものとします。

◀教育費

項目	金額（万円）
高校の年間の授業料等	30
大学の入学費等	100
大学の年間の授業料	100

問題4-2
②欄（2006年の支出合計）を計算してください。

問題4-3
③欄（2006年の収支（預貯金額））を計算してください。

問題4-4
④欄（2006年の金融資産残高）を計算してください。運用率は年１％とします。

▼Dさん一家のキャッシュフロー表の一部（金額の単位は万円）

西暦			2005年	2006年	…
年齢	夫	…	45	46	…
	妻	…	42	43	…
	子供1	…	18	19	…
	子供2	…	16	17	…
ライフイベント	夫	…			…
	妻	…			…
	子供1	…		大学進学	…
	子供2	…	高校進学		…
収入	夫	…	600	600	…
	妻	…	100	100	…
支出	生活費	…	240	240	…
	住居費	…	200	200	…
	教育費	…	60	①	…
	保険料	…	40	40	…
	その他支出	…	100	100	…
収入合計		…	700	700	…
支出合計		…	640	②	…
収支（＝預貯金額）		…	60	③	…
金融資産残高		…	1,000	④	…

第4章　解答

■ 問題1

問題1-1

社会保険料＝給与収入×社会保険料率
　　　　　＝600万円×12％＝72万円

問題1-2

まず給与所得控除額を求め、その後に給与所得を求めます。

給与所得控除額＝給与収入×給与所得控除額の率
　　　　　　　＝600万円×20％＋54万円＝174万円

給与所得＝給与収入－給与所得控除額
　　　　＝600万円－174万円＝426万円

※給与所得控除額の率は、33ページの表を参照してください。

問題1-3

Aさんの所得控除は、表のようになります。18歳の子供は特定扶養親族に該当しますので、控除の額は63万円になります（36ページ参照）。

▼Aさんの所得控除

項目	金額（万円）
基礎控除	38
配偶者控除	38
扶養控除（15歳の子供）	38
扶養控除（18歳の子供）	63
社会保険料控除	72（問1-1より）
合計	249

ここから、課税所得は次のように求められます。

課税所得＝給与所得－所得控除
　　　　＝426万円－249万円＝177万円

問題1-4

所得税＝課税所得×所得税の税率
　　　＝177万円×10％＝18万円（1万円未満四捨五入）

※所得税の税率は、39ページの表を参照してください。

問題1-5

住民税＝課税所得×住民税の税率
　　　＝177万円×5％＝9万円（1万円未満四捨五入）

※住民税の税率は、25ページの表を参照してください。

問題1-6

可処分所得＝給与収入－社会保険料－所得税－住民税
　　　　　＝600万円－72万円－18万円－9万円＝501万円

問題2

問題2-1

まず、家族全体の収入と費用を求めます。

家族の収入＝Bさんの可処分所得＋妻のパート収入
　　　　　＝500万円＋100万円＝600万円
家族の費用＝基本生活費＋住居費＋教育費＋保険料
　　　　　＝180万円＋180万円＋60万円＋40万円＝460万円

収入と費用の差額から、預貯金額を引いた分が、その他支出になります。

その他支出＝家族の収入－家族の費用－預貯金額
　　　　　＝600万円－460万円－60万円＝80万円

問題2-2

次の表のようになります。

▼Bさん一家の損益計算書

費用および利益（万円）		収益（万円）	
基本生活費	180	Bさんの可処分所得	500
住居費	180	妻のパート収入	100
教育費	60		
保険料	40		
その他支出	80		
預貯金	60		
合計	600	合計	600

問題3

問題3-1

次の表のようになります。

▼Cさん一家の貸借対照表

資産（万円）		負債および資本（万円）	
流動資産	800	負債（固定負債）	2,400
円預金	600	住宅ローン	2,300
外貨預金	200	自動車ローン	100
固定資産	3,200	資本	1,600
自動車	50		
家財	50		
終身保険	300		
投資信託	200		
家	1,000		
土地	1,600		
合計	4,000	合計	4,000

問題3-2

$$\text{自己資本比率} = \frac{\text{資本}}{\text{資産}} \times 100 = \frac{1,600\text{万円}}{4,000\text{万円}} \times 100 = 40\%$$

問題3-3

$$\text{固定比率} = \frac{\text{固定資産}}{\text{資本}} \times 100 = \frac{3,200\text{万円}}{1,600\text{万円}} \times 100 = 200\%$$

問題3-4

$$\text{固定長期適合比率} = \frac{\text{固定資産}}{\text{資本}+\text{固定負債}} \times 100$$

$$= \frac{3,200\text{万円}}{1,600\text{万円}+2,400\text{万円}} \times 100 = 80\%$$

■ 問題4

問題4-1

　上の子供は2006年に大学に進学しますので、大学の入学費と授業料等がかかります。一方、下の子供は高校生ですので、高校の授業料等がかかります。
　これらを合計して、100万円＋100万円＋30万円＝230万円になります。

問題4-2

支出合計＝生活費＋住居費＋教育費＋保険料＋その他支出
　　　　＝240万円＋200万円＋230万円＋40万円＋100万円＝810万円

問題4-3

収支（預貯金額）＝収入合計－支出合計
　　　　　　　　＝700万円－810万円＝－110万円

問題4-4

2006年の金融資産残高
＝2005年の金融資産残高×(1＋運用率)＋2006年の預貯金額
＝1,000万円×(1＋0.01)－110万円＝900万円

藤本　壱（ふじもと　はじめ）
1969年兵庫県伊丹市生まれ。神戸大学工学部電子工学科を卒業後、パッケージソフトメーカーの開発職を経て、現在ではパソコンおよびマネー関連のフリーライターや、ファイナンシャルプランナー（CFP®認定者）などとして活動している。
ホームページのアドレスは、http://www.1-fuji.com。

・最近の著書
「Excelでできる株価チャートらくらく分析法」
「ちゃんと儲けたい人のための株式投資戦略の基本」
「ちゃんと儲けたい人のための株価チャート分析大全」
　　　　　　　　　　　　　　　　　　　　（以上、自由国民社）
「Excelで学ぶ簿記・会計と税務」（オーム社）
「Virtual PC 2004活用ガイド for Windows」（技術評論社）
「ブログ自由自在 Movable Type 上級カスタマイズ術」
　　　　　　　　　　　　　　　　　　　　　　　（技術評論社）

会社の数字に強くなる本
2005年7月1日　初版発行

著　者　藤本　壱　©H.Fujimoto 2005
発行者　上林健一
発行所　株式会社 日本実業出版社　東京都文京区本郷3－2－12　〒113-0033
　　　　　　　　　　　　　　　　　大阪市北区西天満6－8－1　〒530-0047
　　　　編集部 ☎03-3814-5651
　　　　営業部 ☎03-3814-5161　振替 00170-1-25349
　　　　　　　　　　　　　　　　http://www.njg.co.jp/
　　　　　　　　　　　　　　　　印刷／壮光舎　製本／共栄社

この本の内容についてのお問合せは、書面かFAX（03-3818-2723）にてお願い致します。
落丁・乱丁本は、送料小社負担にて、お取り替え致します。

ISBN 4-534-03931-X　Printed in JAPAN

下記の価格は消費税(5%)を含む金額です。

初めてでもよくわかる
小さな会社の
総務・経理の仕事ができる本
安田　大 編著　　　定価 1260円(税込)

一人でいくつも仕事を掛け持ちしている小規模な会社に合わせて、総務と経理の仕事を一冊に。採用・退職などの人事・総務の仕事、現金管理から決算などの経理事務までがわかる便利マニュアル。

初めてでもよくわかる
小さな会社の
給与・税金・保険事務ができる本
井戸　美枝　　　　定価 1260円(税込)

毎月の給与計算から税金・保険関係の事務まで、何でもこなさなければならない小さな会社の担当者向けに、必要な事務の流れとやり方を徹底的にやさしく解説。パート・アルバイトの事務関係も網羅。

初めてでもよくわかる
小さな会社の
労働基準法と就業規則の実務
藤永　伸一　　　　定価 1365円(税込)

最新の改正に対応した労働基準法を項目ごとにわかりやすく解説するとともに、その項目に対応する就業規則のサンプルを掲載。初めての人でも、実務的な人事労務の知識が身につく。

初めてでもよくわかる
小さな会社の
資金繰りがラクラクできる本
出口　秀樹　　　　定価 1470円(税込)

1円でも1日でも、資金繰りを楽にするための知識と大ワザ小ワザのテクニックを集めた実践書。税理士や取引先を利用した資金調達法、説得資料の上手な作り方、頭の下げ方まで、こと細かに解説。

経理がわかる事典
陣川　公平　　　　定価 1470円(税込)

経理のイロハ、法人税の基礎から最新の会計手法、税務情報など、経理マンに必要な知識を1ページ1項目にまとめた読む事典。激変する企業の経理・会計・税務に合わせた好評のロングセラー。

会計がわかる事典
監査法人トーマツ　　定価 1575円(税込)

簿記の基本から企業会計原則や税務会計のルール、決算書の読み方、新しい会計制度のしくみまで、最新情報にもとづく会計知識を網羅。新人経理担当者でもよくわかる1ページ1項目形式の読む事典。

人事・労務がわかる事典
鈴木　敦子　　　　定価 1680円(税込)

取り巻く環境がめまぐるしく変化するなかで、会社の人事・労務部門がやるべき仕事、将来必要とする知識とは何かを体系的に整理。基礎・実務知識はもちろん、年俸制や複線型人事制度なども解説。

定価変更の場合はご了承ください。